Alfred Clemens Baumgärtner
Ilse Röhm
Franz-Josef Thiemermann

Ansichten

Lesebuch · Primarstufe · 3. Schuljahr

3

Verlag Ferdinand Kamp Bochum

Das Leise und das LAUTE

Irina Piwowarowa

Und weißt du, zu uns,
und weißt du, zu uns
kommt ins Haus
am Abend
etwas
sehr
Leises.

Und, glaubst du es,
oder glaubst du es nicht,
es öffnet die Tür,
löscht das Licht
und befiehlt mir,
nicht mehr zu spielen,
sondern still
im Bett zu liegen.

Das ist also das Leise.

**Und weißt du, zu uns,
und weißt du, zu uns
kommt zu Besuch
am Morgen
etwas
sehr
Lautes.

Es bricht herein
durchs Fenster,
es scheint,
es singt
und sagt mir:
Jetzt sing.
Und die Sonne taucht
hinter mir auf.

Das ist das Laute.**

Hans Baumann

Tina + Nina

Tina hat schwarzes Haar und blaue Augen und ist so groß, wie ein Mädchen mit fünf eben ist.

Nina hat schwarzes Haar und blaue Augen und ist so groß, wie eine Puppe mit vier eben ist.

Tina ist eine große Nina, und Nina ist eine kleine Tina.

Tina und Nina gehören zusammen wie
Vogel und Vogelnest,
Nuß und Nußknacker,
Bus und Busschaffner,
Kaminkehrer und schwarze Leiter,
Verkehrspolizist und Zebrastreifen,
Herr Nennemann und Herrn Nennemanns riesengroßer, schwarzer, zottiger Hund,
wie Aufwachen am Morgen
und Morgensonne im Fenster,
Sandkasten und Rutschbahn auf dem Kinderspielplatz.

So gehören Tina und Nina zusammen, und genaugenommen noch viel, viel mehr, weil nämlich vorkommen kann, daß
ein Vogel da ist und kein Vogelnest,
ein Nußknacker da ist und keine Nuß,
ein Busschaffner und kein Bus,
ein Kaminkehrer und keine schwarze Leiter,
ein Verkehrspolizist und kein Zebrastreifen,
Herr Nennemann und kein riesengroßer, schwarzer Hund,
der Morgen und keine Morgensonne im Fenster.

Daß aber Tina da ist und Nina nicht, ist ausgeschlossen. Nina ist dabei, wenn Tina mit ihrer Mutter in den Stadtpark geht. Nina ist dabei, wenn Tina mit andern Kindern auf dem Kinderspielplatz spielt. Erst schaukeln Tina und Nina auf der Schaukel, dann fahren Tina und Nina Karussell, dann rutschen Tina und Nina die Rutschbahn herunter, und dann backen sie beide im Sandkasten Kuchen.

Da taucht am Himmel plötzlich eine kleine Wolke auf. Die kleine Wolke wird immer größer, sie wird immer schwärzer, der Himmel wird schwarz. Ein Wind kommt angefegt, daß die Mützen gegen die Zäune fliegen und die Spatzen sich in den Büschen verstecken.

Und dann prasselt ein Platzregen los.

Nina?

Die Mutter und Tina sausen zum Bus und erwischen ihn noch und kommen naß wie zwei Fische ins Haus. Die Treppe hinauf und gleich in die Wohnung, und dort wird Tina rasch ausgezogen und trockengerubbelt und bekommt Kakao und wird ins Bett gesteckt.

„WardasabereinschrecklicherRegen!" sagt die Mutter in einem Atemzug. Und Tina ist bis zur Nasenspitze zugedeckt und ist sehr froh. Aber auf einmal schaut sie mit großen Augen dorthin, wo Nina immer ist, wenn Tina im Bett ist.

Keine Nina ist zu sehen. Und da sagt die Mutter: „Nun haben wir doch Nina auf dem Spielplatz glatt vergessen!"

Tina will aus dem Bett. „Bleib schön liegen!" sagt die Mutter. „Bei dem schrecklichen Regen ist nichts zu machen."

Tina schaut dorthin, wo Nina nicht ist. Als die Mutter sieht, *wie* Tina dorthin schaut, macht sie ein geheimnisvolles Gesicht. Dann sagt sie: „Hör zu! Morgen früh beim Aufwachen wird Nina dort sitzen, wo sie immer sitzt, und wird dir haargenau alles erzählen: wie sie sich ganz allein auf den Weg macht, weil es Nina ohne Tina einfach nicht aushält; wie sie loszieht zum Bus mit dem netten Busschaffner, bis zum Zebrastreifen mit dem netten Verkehrspolizisten; wie sie den Kaminkehrer mit der schwarzen Leiter trifft und natürlich auch Herrn Nennemanns riesengroßen Hund – und jetzt rasch geschlafen, damit es nicht lang dauert bis zum Aufwachen am Morgen, bis zum Blinzeln, ob es auch stimmt! Und du wirst schon sehen: Da wird Nina sitzen."

Und da sitzt Nina. Sie sitzt auf ihrem Platz und sagt sofort: „Wardasabereinschrecklicher Regen! Und ich bin im Sandkasten und schrecklich naß. Aber kaum hat der schreckliche Wind nachgelassen, lauf ich auch schon los, ich weiß ja den Weg. Und ich lauf zur Einsteigehaltestelle, und der Busschaffner hilft mir gleich in den Bus und sagt: ‚Ich weiß schon, Tina bezahlt morgen!' und hilft mir beim Aussteigen. Und ich laufe hin bis zum Zebrastreifen, und der nette Verkehrspolizist, du weißt schon, läßt die Autos und Busse nicht weiterfahren, damit mir nichts passiert. Und drüben steht der Kaminkehrer, der nette mit dem roten Motorrad, und zieht aus seiner schwarzen Hosentasche ein weißes Taschentuch und legt es auf den Rücksitz und setzt mich darauf, und ich sause *brnn brnn* mit dem roten Motorrad bis vor unsre Haustür. Und Herrn Nennemanns riesengroßer, zottiger Hund, der schwarze, du weißt schon, stellt sich so an die Treppe, daß ich aufsitzen kann, und ich reite mit ihm bis vor die Wohnungstür, und noch vor dem Läuten macht die Mutter schon die Türe auf, und puh! da bin ich."

Und wirklich: Da sitzt Nina und ist zerzaust vom schrecklichen Wind und noch immer naß vom schrecklichen Regen und eben fertig mit Vielvielerzählen.

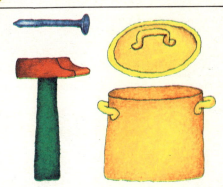

Tina blinzelt, ob es auch stimmt, und reibt sich die Augen, und der Morgen ist da und die Sonne im Fenster.
Und Tina und Nina sind wieder zusammen wie
Vogel und Vogelnest,
Nuß und Nußknacker,
Bus und Busschaffner,
Kaminkehrer und schwarze Leiter,
Verkehrspolizist und Zebrastreifen,
Sandkasten und Rutschbahn auf dem Kinderspielplatz,
Herr Nennemann und Herrn Nennemanns riesengroßer, schwarzer, zottiger Hund.
„Siehst du!" sagt die Mutter. „Hab' ich dir doch gesagt."

Gesichter

HANS STEMPEL MARTIN RIPKENS

Es war einmal ein Mädchen, das hatte herrlich rotes Haar. Weil es aber in einem Dorf lebte, wo es das einzige Kind mit roten Haaren war, wurde es oft gehänselt und geneckt. Dann lief es nach Hause und sah von seinem Fenster voller Wut auf den Spielplatz hinab, wo blonde und braune und schwarze Haarschöpfe einträchtig hinter einem bunten Ball herfegten.

Während das Mädchen so auf die Spielenden sah, verging seine Wut, und langsam kehrte die Hoffnung wieder, und hastig lief es aus dem Haus und mischte sich unter die anderen Kinder, die ihm jedoch kein einziges Mal den Ball zuspielten. Wieder voller Wut, lief das Mädchen nach Hause zurück und warf sich weinend aufs Bett.

So ging es lange Zeit, bis das Mädchen eines Tages einem Mann begegnete, der sich erst auffällig nach ihm umdrehte, dann hinter ihm herlief und es zuletzt ansprach.

Ich bin Maler, sagte der Mann. Und du hast so herrlich rotes Haar. Darf ich dich malen? Da müssen Sie meine Mutter fragen! sagte das Mädchen schnippisch. Aber im Grunde war es ungeheuer stolz, und als die Mutter dem Maler das Malen erlaubte, da war es noch stolzer und hielt sich für das ungewöhnlichste Mädchen der Welt. Wie gut, dachte es, daß ich das einzige Kind mit roten Haaren bin.

Das dachte es so lange, bis es zum ersten Mal in die Stadt kam. Da sah es schon in einer Stunde und auf einer einzigen Straße sieben Rothaarige, und es waren nicht nur Mädchen, sondern auch Jungen, und es waren nicht nur Kinder, sondern auch Erwachsene. Da war das Mädchen zunächst wieder richtig wütend, aber dann freute es sich, und zuletzt freute es sich sogar doppelt. Es freute sich über sein herrlich rotes Haar, und es freute sich, daß auch andere Menschen so herrlich rotes Haar haben.

FRITZ SAGT
HEIDRUN PETRIDES

Richard

Astrid Lindgren

Madita geht nun zur Schule, und das macht großen Spaß. Es macht Spaß, eine Fibel zu haben, die in feines, grünes Papier eingeschlagen ist und ein Etikett hat, auf dem „Margareta 1. Klasse" steht. „Margareta", nicht etwa „Madita", ein Schulmädchen kann ja nicht „Madita" heißen. Und es macht Spaß, eine Schiefertafel zu haben und einen Schwamm, der mit einem Bindfaden daran festgebunden ist, und eine alte Haarwasserflasche voll Wasser, das man auf die Schiefertafel spritzt, wenn man sie saubermachen will. Und es macht Spaß, eine Menge Griffel zu haben und einen Federkasten, in den man die Griffel hineinlegt, und einen Schulranzen, in den man den Federkasten hineinlegt.

Und das Allerschönste – in der Fibel ist ein Hahn. Und dieser Hahn kann Fünförestücke legen, daß es nur so klirrt, falls man fleißig ist und seine Schularbeiten macht.

Ja, zur Schule gehen macht wirklich Spaß, und schon am ersten Tag seufzt Madita und sagt:

„Zu dumm, daß wir Weihnachten Ferien haben."

Bis zum Fest sind es freilich noch fast vier Monate, aber immerhin!

Madita zeigt ihre Fibel und die Schiefertafel und den Federkasten allen, Lisabet und Mutti und Vati und Linus-Ida und Alva und Abbe Nilsson. Und sie erlaubt

Lisabet, in der Fibel zu blättern und ein bißchen auf der Schiefertafel zu kritzeln, wenn auch mit vielen Ermahnungen. Jeden Morgen, wenn Madita zur Schule geht, steht Lisabet im Flur und wünscht sich, sie könnte mit dem feinen Schulranzen auf dem Rücken losspazieren. Es dauert so lange, bis Madita wieder nach Hause kommt, findet Lisabet, und wenn sie dann endlich kommt, muß sie Schularbeiten machen. Dann sitzt sie im Kinderzimmer und liest so laut, daß man es im ganzen Haus hört.

„I U O", liest sie. „I U O!"

Lisabet kann nicht begreifen, daß man so lange immer nur I U O lesen muß, aber sie geht ja auch noch nicht zur Schule.

Jeden Tag beim Mittagessen fragt Vati:

„Na, Madita, wie geht's in der Schule?"

„Famos", sagt Madita. „Ich bin die Beste in der Klasse."

„So?" fragt Mutti. „Findest du das oder die Lehrerin?"

„Wir alle beide", antwortet Madita.

Vati und Mutti sehen sich befriedigt an. Da sieht man es! Alle Sorgen waren ganz unnötig, die Schule stutzt selbst einen solchen Wildfang wie Madita zurecht.

Aber die Tage gehen dahin, und Madita macht ihre Schularbeiten nicht mehr ganz so eifrig. Mutti muß sie ermahnen, daß sie ihre Rechenaufgaben nicht vergißt. Und aus dem Kinderzimmer erklingt kaum noch mal ein I U O, sondern nur der übliche Lärm, wenn Madita und Lisabet auf den Möbeln herumturnen und die Kinderstühle umwerfen. Aber eines Tages hört man noch etwas anderes. Madita singt.

„Komm, Adolfina, komm, Adolfina, lehn deine Wang' an meine Wang'", singt sie.

Das hört Mutti gar nicht gern.

„Pfui, Madita", sagt sie. „So ein dummer Gassenhauer! Wer hat dir denn den beigebracht?"

Mutti, die weiß ja nicht! Wenn sie wüßte, was Nilssons haben! Etwas Wunderbares ... ein Grammophon! Mit einem ganz, ganz großen Trichter. Und jeden Tag spielt Onkel Nilsson „Komm, Adolfina" darauf und tanzt dazu mit Tante Nilsson. Es kratzt und quietscht und schrillt ziemlich laut, aber man kann doch hören, daß „Adolfina" aus dem Trichter schallt.

Nun scheint Mutti aber etwas gegen Nilssons zu haben. Jedenfalls sieht sie es nicht gern, daß Madita dort hingeht; warum, weiß kein Mensch.

„Nun, Madita", sagt Mutti wieder, „wer hat dir denn dieses dumme Lied beigebracht?" Madita wird rot.

„Das ... das war Richard",

stottert sie, denn daß sie den Gassenhauer bei Nilssons gehört hat, möchte sie nicht sagen.

„Wer ist Richard?" fragt Lisabet da.

„Richard, der ... der geht in meine Klasse", sagt Madita hastig.

„So", sagt Mutti. „Na, dieser Junge scheint mir jedenfalls nicht der richtige Umgang für dich zu sein."

Ein paar Tage später hat der Hahn in der Fibel fünf Öre für Madita gelegt, obwohl sie in letzter Zeit wahrhaftig nicht besonders fleißig gewesen ist. Für fünf Öre bekommt man in dem kleinen Laden neben der Schule fünf Sahnebonbons. Madita hat Lisabet versprochen, ihr zwei davon abzugeben, und darum kann Lisabet es an diesem Tag kaum abwarten, daß Madita aus der Schule kommt. Endlich ist sie da. Schon auf dem Flur läuft Lisabet ihr entgegen.

„Arme Lisabet", sagt Madita. „Deine Bonbons hat Richard aufgegessen."

„Richard müßte Haue kriegen", sagt Lisabet und ist sehr betrübt.

Ja, dieser Richard hätte wirklich eine Tracht Prügel verdient, denn dies ist keineswegs sein letzter Streich.

Eines Tages kommt Madita nach Haus und hat nur einen Überschuh an. Der andere ist fort. Und es war ein so feiner Überschuh, schwarz und blank und innen mit rotem Futter.

„Wo hast du denn den andern Überschuh?" fragt Mutti.

„Den hat Richard mir weggenommen und in den Gully geschmissen", sagt Madita.

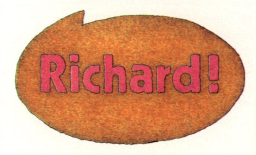

„Richard müßte Haue kriegen", sagt Lisabet.

Mutti ist sehr böse auf diesen Richard.

„Es ist schon ein Kreuz, daß ihr so einen Jungen in der Klasse habt", sagt sie. „Ich muß doch wirklich einmal mit der Lehrerin sprechen."

Aber Mutti hat so viel zu tun. Sie hat einfach keine Zeit, zur Lehrerin zu gehen. Und Richard macht weiter seine dummen Streiche. Fast täglich heckt er etwas Neues aus.

Madita kommt mit einem großen Tintenklecks auf ihrem neuen Kattunkleid nach Hause ... natürlich Richard! Eines Tages hat Maditas Schiefertafel einen großen Sprung ... ja, weil Richard sie an die Wand geschmissen hat. Er wollte nur mal sehen, ob sie richtig haltbar ist. Und das war sie nicht. Jedenfalls nicht so haltbar.

In Maditas Lesebuch ist eine Königin abgebildet, die früher in Schweden gelebt hat. Jetzt ist sie tot, aber im Lesebuch ist ihr Bild. Eines Tages hat die Königin einen Schnurrbart.

„Nein, so etwas!" sagt Mutti streng. „Margareta, warum hast du das Bild beschmiert?"

„Hab ich ja gar nicht", sagt Madita. „Das war Richard."

„Richard müßte Haue kriegen", sagt Lisabet.

Tagtäglich hat Madita beim Mittagessen etwas von diesem nichtsnutzigen Richard und all seinen Schandtaten zu berichten. Es ist kaum zu fassen, wie sich die Lehrerin mit ihm herumärgern muß. Während des Unterrichts treibt er Unfug, und so gut wie immer muß er in der Ecke stehen.

„Und stell dir vor, Mutti, heute hat er meinen Radiergummi aufgegessen", sagt Madita.

„Ja, ist denn das die Möglichkeit!" ruft Mutti entsetzt.

„Mit dem Jungen scheint etwas nicht in Ordnung zu sein", sagt Vati.

„Richard müßte Haue kriegen", sagt Lisabet.

Eines Tages kommt Madita mit einer ganz neuen Frisur aus der Schule. Natürlich wieder dieser Richard! Auf dem Heimweg hat er sich von Madita die Handarbeitsschere ausgeborgt, und dann hat er ihr Ponies geschnitten. Und was für Ponies!

Aber jetzt ist Muttis Geduld zu Ende. Keinen Tag länger darf das so weitergehen.

„Morgen gehe ich zur Schule und spreche mit der Lehrerin", erklärt sie entschieden.

„Richard müßte Hau ...", beginnt Lisabet.

„Halt den Mund!" schreit Madita erbost. „Richard kann gar keine Haue mehr kriegen. Er geht ja gar nicht mehr in unsere Schule. Seit heute nicht."

„Ach", sagt Mutti erstaunt. „Warum denn nicht?"

„Er ... er hatte keine Lust mehr", sagt Madita.

„Keine Lust mehr!" sagt Mutti. „Unsinn! Er zieht wohl um und kommt deshalb in eine andere Schule, so wird es sein."

„Ja, er soll wohl woanders in die Schule gehen und da die Radiergummis aufessen", sagt Lisabet befriedigt.

Ein paar Tage später hat Tante Lotte Geburtstag. Tante Lotte, die in dem gelben Häuschen direkt neben der Schule wohnt. Mutti nimmt ihre beiden Töchter zum Gratulieren mit.

Gerade vor Tante Lottes Haus treffen sie die Lehrerin. Mutti bleibt stehen, und es nützt auch nichts, daß Madita versucht, sie am Rock fortzuziehen.

Madita möchte auf gar keinen Fall mit der Lehrerin reden, aber Mutti möchte es.

„Wie macht sich denn unsere Margareta in der Schule?" fragt Mutti. Eigentlich ist die Frage überflüssig, denn Madita hat ja erzählt, daß es famos geht. Aber natürlich möchte Mutti es gern von der Lehrerin selber hören, daß Madita die Beste in der Klasse ist.

Seltsamerweise sagt die Lehrerin etwas ganz anderes.

„Na ja, wenn Margareta sich erst eingelebt hat, wird es schon besser werden", sagt sie. „Manchen Kindern fällt es eben schwer, sich an den Schulbetrieb zu gewöhnen."

Mutti macht ein nachdenkliches Gesicht. Meint die Lehrerin wirklich, daß Madita zu diesen Kindern gehört? Was muß sie dann erst von diesem Richard halten!

„Ach, übrigens dieser Richard", sagt Mutti. „Ein wahrer Segen, daß dieser Junge nicht mehr in der Klasse ist. Sie sind doch sicherlich heilfroh, diesen Störenfried los zu sein."

„Richard?" fragt die Lehrerin erstaunt. „Einen Richard habe ich gar nicht in der Klasse gehabt."

„Ja, aber ...", sagt Mutti. Dann verstummt sie und sieht Madita streng an.

„Richard müßte Haue kriegen", sagt Lisabet.

Madita bekommt einen roten Kopf und starrt auf ihre Schuhe hinunter. Haue, hat Lisabet gesagt! Einer wird sicherlich Haue kriegen, aber wer? Oh, wie allein und verlassen sich Madita vorkommt, seit es keinen Richard mehr gibt.

DER SIMULANT

VATER & SOHN

Hannes fehlt

Ursula Wölfel

Sie hatten einen
Schulausflug gemacht.
Jetzt war es Abend,
und sie wollten mit dem Auto-
bus zur Stadt zurückfahren.
Aber einer fehlte noch.
Hannes fehlte.
Der Lehrer merkte es,
als er die Kinder zählte.

„Weiß einer etwas von Hannes?" fragte der Lehrer.

Aber keiner wußte etwas.

Sie sagten: „Der kommt noch."

Sie stiegen in den Bus und setzten sich auf ihre Plätze.

„Wo habt ihr ihn zuletzt gesehen?" fragte der Lehrer.

„Wen?" fragten sie. „Den Hannes? Keine Ahnung. Irgendwo. Der wird schon kommen."

Draußen war es jetzt kühl und windig, aber hier im Bus hatten sie es warm. Sie packten ihre letzten Butterbrote aus.

Der Lehrer und der Busfahrer gingen die Straße zurück.

Einer im Bus fragte: „War der Hannes überhaupt dabei? Den hab ich gar nicht gesehen."

„Ich auch nicht", sagte ein anderer.

Aber morgens, als sie hier ausstiegen, hatte der Lehrer sie gezählt, und beim Mittagessen im Gasthaus hatte er sie wieder gezählt, und dann noch einmal nach dem Geländespiel. Da war Hannes also noch bei ihnen.

„Der ist immer so still", sagte einer. „Von dem merkt man gar nichts."

„Komisch, daß er keinen Freund hat", sagte ein anderer, „ich weiß noch nicht einmal, wo er wohnt."

Auch die anderen wußten das nicht.

„Ist doch egal", sagten sie.

Der Lehrer und der Busfahrer gingen jetzt den Waldweg hinauf. Die Kinder sahen ihnen nach.

„Wenn dem Hannes jetzt was passiert ist?" sagte einer.

beiden Männer nicht mehr. Sie froren und gingen zum Bus zurück.

Keiner redete mehr. Sie sahen aus den Fenstern und warteten.

„Was soll dem passiert sein?" rief ein anderer. „Meinst du, den hätte die Wildsau gefressen?"

Sie lachten. Sie fingen an, sich über die Angler am Fluß zu unterhalten, über den lustigen alten Mann auf dem Aussichtsturm und über das Geländespiel.

Mittenhinein fragte einer: „Vielleicht hat er sich verlaufen? Oder er hat sich den Fuß verstaucht und kann nicht weiter. Oder er ist bei den Kletterfelsen abgestürzt?"

„Was du dir ausdenkst!" sagten die anderen.

Aber jetzt waren sie unruhig. Einige stiegen aus und liefen bis zum Waldrand und riefen nach Hannes.

Unter den Bäumen war es schon ganz dunkel. Sie sahen auch die

In der Dämmerung war der Waldrand kaum noch zu erkennen.

Dann kamen die Männer mit Hannes. Nichts war geschehen.

Hannes hatte sich einen Stock geschnitten, und dabei war er hinter den anderen zurückgeblieben. Dann hatte er sich etwas verlaufen.

Aber nun war er wieder da, nun saß er auf seinem Platz und kramte im Rucksack.

Plötzlich sah er auf und fragte: „Warum seht ihr mich alle so an?"

„Wir? Nur so", sagten sie.

Und einer rief: „Du hast ganz viele Sommersprossen auf der Nase!"

Sie lachten alle, auch Hannes.

Er sagte: „Die hab ich doch schon immer."

„Weißt du sicher, daß es einmal wieder Frühling wird?" fragt Babsy ihre Mutter, als sie durch die Stadt spazieren.

„Ja", sagt die Mutter.

„Woher weißt du es?" will Babsy wissen.

„Es ist immer wieder Frühling geworden."

Sie bleiben vor den Schaufenstern stehen und schauen sich die Stiefel an und die Pelzmützen.

„Wo kriegen die Bäume die neuen, grünen Blätter her?" fragt Babsy, als sie durch den kleinen Park gehen.

„Sie kommen aus ihnen heraus", sagt die Mutter. „So, wie die Gedanken aus dir herauskommen."

„Hm", macht Babsy.

Die Mutter holt eine Tüte mit Brotkrumen aus der Tasche, und sie füttern die Enten, die über den Eisrand des Weihers herangewatschelt kommen.

„Im Sommer saß ein kleiner Junge mit einer Mundharmonika hier", sagt Babsy.

„Und auf der Bank die dicke Frau, die strickte."

„Und dann war da noch der Hund – weißt du, der, der immer Löcher gebuddelt hat. Wo sind die alle? Ich meine", setzt sie hinzu, „wo ist der ganze Sommer? Kommt er wieder?"

„Nein", sagt die Mutter, und sie läßt einen Schwan aus ihrer Hand picken. „Derselbe Sommer kommt nicht wieder."

„Ist er einfach fort?" fragt Babsy.

Die Mutter nimmt Babsy an die Hand.

„Nein", erwidert sie. „Er ist nicht fort. Nichts, was gewesen ist, ist einfach fort. Er ist in dir. Wenn du die Augen zumachst, kannst du ihn sehen."

Da schließt Babsy schnell die Augen. Und wahrhaftig – alles ist grün! Der kleine Junge spielt Mundharmonika, die dicke Frau sitzt auf der Bank, und der Hund buddelt Löcher.

„Mm", meint Babsy. „Wird das, was heute ist, morgen auch in mir drin sein?"

„Ja", sagt die Mutter.

KOMMT NICHT WIEDER

Weihnachtsbescherung
Vater & Sohn

Rabeneltern

James Krüss

Wenn die Raben
Kinder haben,
kümmern sie sich drum.

Rabenmutter
holt das Futter
und fliegt weit herum.

Rabenvater
scheucht die Kater
oder Katzen weg.

Wenn die Kleinen
ängstlich weinen,
kriegt er einen Schreck.

Kurz: Die Raben-
kinder haben
Eltern, lieb und gut.

Die ernähren
und belehren
ihre junge Brut.

Teure Mädchen,
werte Knaben,
sagt nun selbst:

Sind solche Raben
Rabeneltern? Nein!
Laßt uns wünschen,
liebe Leute,
manche Menschen
würden heute
Eltern wie die
Raben sein!

UMFRAGE:

Was gemütlich ist

Roswitha Fröhlich

In einem Zelt sitzen, wenn es draußen regnet.
Abends im Bett liegen und von ferne hören, wie sich die Eltern unterhalten.
Ein bißchen krank sein, und die Mutter bringt einem das Frühstück.
Kranksein und was mitgebracht kriegen.
Im Winter von draußen in ein warmes Zimmer kommen.
Mit jemandem im Bett liegen.
Wenn alle im Zimmer sind und sich nicht zanken.
Im Sommer unter einem Baum liegen, und die Fliegen summen.
Im dunklen Zimmer liegen, wenn noch alle andern auf sind, und durch den Türspalt das Flurlicht sehen.

Benny Andersen

Lebensgefährliche TULPEN

Es war ein richtig dummer Tag. Und wenn du keine Geschichten über richtig dumme Tage magst, danke und auf Wiedersehen! — Wie, du möchtest sie trotzdem gern hören? Na gut, ich dachte, sonst brauchte ich sie gar nicht erst zu erzählen. Wie gesagt, es war ein richtig dummer Tag. Für Jan ging alles schief. Jan war damals sechs Jahre alt. Jetzt ist er bald fünfzig, du kannst dir also ausrechnen, daß die Geschichte vor über vierzig Jahren passierte.

Es fing schon an, als er am Morgen aufstand. Er trat direkt in eine Reißzwecke. „Au", sagte er, aber die Reißzwecke blieb stecken. Er mußte sich hinsetzen und sie herauspulen. Dann humpelte er ins Badezimmer, um Jod aufzupinseln. Aber die Flasche rutschte ihm aus, fiel zu Boden und brach in Stücke, so daß das ganze Badezimmer mit Jod vollgespritzt wurde. Sein Vater stürzte herbei, rüttelte ihn am Arm und schrie ihn an. Und wenn es etwas gab, was Jan morgens nicht ausstehen konnte: daß sein Vater ihn anschrie. Das tat ihm in den Ohren weh. Jan war nahe daran, wieder ins Bett zu gehen, um einen besseren Start für den Tag zu haben. Aber dann dachte er: Diese zwei kleinen Pannen können mir doch wohl nicht den ganzen Tag verderben. Also ging er nicht wieder ins Bett. Ich finde, ehrlich gesagt, das hätte er tun sollen. Dann hätte es vielleicht eine lustigere Geschichte gegeben!

Jan wusch sich, zog sich an und setzte sich an den Tisch, um zu frühstücken. Aus Versehen stieß er gleich sein Glas Milch um. Da schrie ihn sein Vater wieder an.

TULPEN

Jan konnte diese ganze Schreierei nicht mehr aushalten, und er verließ fluchtartig das Haus.

Es war Dienstag, und Dienstag war sowieso ein dummer Tag. Das muß ich gleich genauer erklären: Weißt du, Jans Vater war Busfahrer, und meistens fuhr er seinen Bus am Tage, aber dienstags fuhr er erst am Abend. Deshalb hatten Jans Eltern ausgemacht, daß an diesem einen Tag in der Woche der Mann an der Reihe war mit Putzen, Spülen, Staubsaugen und Kochen, während Jans Mutter in die Stadt fuhr, Freunde und Bekannte besuchte und Bücher aus der Bibliothek auslieh. Jans Vater versuchte so zu tun, als ob er diese Regelung gut fände. Das fand er auch an allen anderen Tagen der Woche, aber dienstags fand er, daß es eine elende Regelung sei und daß es am besten wäre, sie sich vom Halse zu halten. Deshalb war der Dienstag so ein dummer Tag. Aber dieser Dienstag war nun besonders dumm.

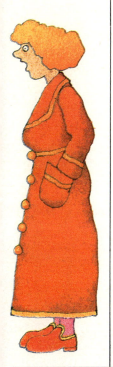

Jan ging hinaus in den Garten. Es war ein sehr kleiner Garten. Darin konnten nur eine Tanne, ein Fliederbusch und fünf rote Tulpen wachsen, aber die wuchsen auch da. Jans Mutter und Vater freuten sich beide sehr über die fünf roten Tulpen. Ab und zu sprachen sie davon, daß sie im nächsten Jahr gern sechs Tulpen hätten, vielleicht sogar sieben. Aber dann sollte eine weiße dabeisein.

Nun passierte es unglücklicherweise, daß eine Katze über den Zaun in den Garten sprang. Sie mußte über den Zaun springen, denn das Gartentörchen war geschlossen, und sie hatte es sehr eilig. Sie wurde nämlich von einem großen, wütenden Hund verfolgt. Die Katze landete auf Jans Kopf und sprang von da aus in den Nachbargarten, der etwas größer war. Jan mochte Katzen sonst gern, aber jetzt erschrak er so sehr, daß er sich mit einem Bums hinsetzte. Rat mal, wohin! Ja,

TULPEN

richtig, direkt auf die fünf Tulpen. Und nicht nur eine oder zwei wurden umgeknickt, sondern alle fünf. Es war ein richtig dummer Tag. Jan blieb noch sitzen, bis der Hund weg war. Dann stand er auf und versuchte, die Tulpen aufzurichten. Aber sie sanken um, sobald er sie losließ.

Zuerst dachte Jan daran, ins Haus zu gehen und seinen Eltern von dem Unglück zu erzählen. Aber er hatte das Gefühl, daß sie dann beide wieder anfangen würden, ihn anzuschreien, und das konnte er jetzt nicht gut vertragen. Es war sicher klüger, noch ein bißchen zu warten. Erst mußte er herausfinden, wie er die umgeknickten Tulpen ersetzen konnte. Er wollte Sören fragen, was er tun sollte. Sören war Jans bester Freund, und er hatte immer eine Menge guter und lustiger Einfälle. Er ging schnell zu Sören, der ein Stück weiter unten in der Straße wohnte. Sörens Mutter machte auf, und sie sagte, daß Sören Halsentzündung hatte und im Bett lag. Jan durfte nicht zu ihm reingehen, denn sonst hätte er sich anstecken können. Jan bestellte ihm schöne Grüße und ging wieder.

Er kannte ein Mädchen, das Betty hieß. Sie war ein kluges Mädchen und hätte ihm sicher helfen können, aber sie war drei Jahre älter und ging zur Schule, deshalb war sie erst spät am Nachmittag zu Hause.

Für diesmal mußte Jan wohl allein zurechtkommen. Er ging zum Fluß hinunter, ging auf die kleine Brücke und schaute aufs Wasser. Eine Libelle flog tief übers Wasser hin auf der Jagd nach Fliegen. Der blaue Himmel und die weißen Wolken spiegelten sich im Wasser. Die Luft war warm. Es hätte so ein schöner Tag sein können. Das Licht glitzerte auf dem Wasser wie Goldmünzen, und plötzlich fiel Jan ein, daß er ein goldenes Einkronenstück von seinem Geburtstag in der Tasche hatte. (Damals waren die Kronenstücke

TULPEN

aus Gold, glaube ich.) Davon konnte er Tulpen kaufen! Oben beim Blumenhändler bekam man Tulpen, die nicht abgeschnitten waren; die Zwiebeln saßen noch dran. Er wollte Tulpen kaufen und sie an Stelle der umgeknickten einpflanzen. Er fuhr rasch mit der Hand in die Tasche und holte die Goldmünze heraus, aber er war zu hastig; sie rutschte ihm aus der Hand und fiel ins Wasser. Plumps.

Es war ein richtig dummer Tag.

Jan starrte der Münze im Wasser nach, aber sie war sofort verschwunden. Es war sicher ziemlich tief hier in der Mitte. Schlammig war es auch. Jan dachte daran, ins Wasser zu waten und die Münze zu suchen. Kurz vorher hatte er noch gefunden, daß das Wasser sehr angenehm und einladend aussah, aber jetzt sah es plötzlich unheimlich und tief aus. Jan hatte keine Lust zu ertrinken.

Er ging vom Fluß weg und eine kleine Straße hinauf. In einem Garten mähte ein älterer, dicker Mann Gras. Jan faßte sich ein Herz, öffnete das Gartentor und ging hinein.

„Guten Tag", sagte er, „soll ich Ihren Rasen für eine Krone mähen?"

Der Mann blickte Jan lächelnd an, dann klopfte er sich auf den Bauch und antwortete: „Weißt du, der Doktor hat gesagt, ich soll meinen Bauch loswerden und mich mehr bewegen. Deshalb will ich den Rasen selber mähen. Aber du kannst eine Limonade haben."

„Nein, danke", sagte Jan und ging wieder.

Nun bekam er auch noch Hunger. Er hatte ja nicht einmal sein Frühstück gegessen. Aber da war wohl nichts zu machen. Er wollte nicht nach Hause essen gehen, bevor er Tulpen beschafft hatte. Lange lief er durch die Straßen, ohne daß ihm irgend etwas ein-

TULPEN

fiel. Er ging zum Fluß zurück und guckte runter ins Wasser. Vielleicht war es doch nicht so tief, wie er zuerst gedacht hatte. Jan zog Schuhe und Strümpfe aus und watete los. Das Wasser war nicht nur naß, es war auch kalt. Er ging vornübergebeugt und beschattete die Augen mit der Hand, damit er sehen konnte, was alles auf dem Boden kroch und herumlag: Schnecken und kleine Tiere, verrostete Büchsen und ein löchriger Topf, aber keine Münze. Es lagen auch ein paar Flaschenscherben da, so daß man sich gut vorsehen mußte.

Plötzlich war da ein Fisch, der direkt neben ihm spielte. Jan erschrak, verlor das Gleichgewicht und stürzte kopfüber zur Mitte des Flusses. Er verschwand ganz im Wasser, konnte nichts sehen, kriegte keine Luft, fand keinen Halt unter den Füßen. Der Boden war wie ein schleimiger Brei. Er zappelte und schlug um sich, stieß gegen etwas Hartes, klammerte sich daran fest. Ein Holzpfosten war es; er mußte Luft holen. Er zog sich an dem glatten Holzpfosten hoch und kriegte mit knapper Not den Kopf über Wasser. Lange stand er so da mit geschlossenen Augen und schnappte bloß nach Luft.

Der Holzpfosten gehörte natürlich zur Brücke, und es gelang Jan, auf die Brücke hinaufzuklettern. Sein Herz schlug heftig, und seine Beine zitterten. Er hustete schlammiges Wasser aus. Dann schaute er wieder zum Wasser runter. Es war noch viel schlammiger als vorher, jetzt würde es ganz unmöglich sein, die Münze zu finden. Und das konnte ihm auch egal sein. Plötzlich lächelte Jan. Es war irgendwie komisch, daß er um ein Haar wegen eines dummen Einkronenstückes ertrunken wäre. Oder wegen fünf umgeknickter Tulpen. Die Tulpen wuchsen auf jeden Fall im nächsten Jahr wieder, das wußte er. Aber wenn man ertrank, dann war Schluß. Und was bedeutete es schon, daß Vater

TULPEN

ihn ein bißchen anschreien würde, wenn er gleich klatschnaß nach Hause kam, ohne Tulpen. Wenn Jan ertrunken wäre, hätte er Vaters Stimme nie mehr hören können. Er freute sich fast darauf, seinen Vater schreien zu hören. Und auf alle Fälle hatte er jetzt Hunger wie ein Wolf.

Jans Eltern erschraken ziemlich, als sie ihn sahen. In aller Eile zogen sie ihm die nassen Kleider aus und steckten ihn ins Bett. Dann kamen sie mit Essen und heißem Tee. Während er aß, erzählte er, wie alles passiert war. Aber keiner von beiden schrie ihn an. Sie waren sehr freundlich, auch als er das mit den Tulpen erzählte. Denn die hatte der Vater inzwischen abgepflückt und der Mutter geschenkt, als sie zurückkam. Jetzt standen sie in einer Vase auf dem Tisch. Die Mutter freute sich darüber. Es sei schon lange her, seit ihr jemand Tulpen geschenkt habe, sagte sie.

Der Tag hatte als ein richtig dummer Tag begonnen, aber jetzt wurde er fast zu einem ziemlich schönen Tag. Er endete dann aber doch noch als ein dummer Tag, denn es stellte sich heraus, daß Jan sich erkältet hatte und drei Tage im Bett bleiben mußte.

Ich habe die Geschichte von Jan selbst. Wie ich zu Beginn sagte, ist er fast fünfzig Jahre alt, und neulich habe ich ihn besucht. Er zeigte mir seinen Garten, in dem er eine Menge Blumen hat, Narzissen, Hyazinthen, Iris und viele andere. Aber keine einzige Tulpe.

„Warum hast du keine Tulpen in deinem Garten", fragte ich. „Magst du keine Tulpen?"

„Doch, ich finde, sie sind oft einfach herrlich", sagte er und kratzte sich am Kinn, „aber... Tulpen können lebensgefährlich sein. Es waren einmal fünf Tulpen, die haben mich fast das Leben gekostet..."

Und so hörte ich die ganze Geschichte, die ich hier erzählt habe.

„Gigi ist ja noch so klein!"

URSULA WÖLFEL

Das BALG

Corinna war zehn Jahre alt, und Gigi war vier. Corinna sollte immer vernünftig sein, sie war ja die Ältere. Gigi durfte so unvernünftig sein, wie sie wollte. Das fanden die Erwachsenen dann drollig.

Corinna hatte am liebsten ganz kleine Sachen. Auf dem Wandbrett über ihrem Bett standen Nußschalenbettchen mit winzigen Püppchen, ein Tablett mit Täßchen und einer Teekanne, nicht größer als ein Fingernagel, und viele kleine Tiere aus Holz und Glas und Plastik.

Gigi mochte nur große Sachen. Auf ihrem Wandbrett saßen zwei dicke Stoffhunde und ein riesiger Teddy und eine große Puppe ohne Arme und Beine.

Corinna hatte gern Ordnung in ihren Sachen. Aber wenn sie in der Schule war, spielte Gigi manchmal mit Corinnas kleinen Sachen. Sie brachte alles durcheinander, sie zertrat drei von den kleinen Täßchen, sie brach dem gläsernen Storch den Schnabel ab, und mit den winzigen Kissen aus den Nußschalenbettchen putzte Gigi sich die Nase.

Wenn Corinna dann wütend wurde, sagten die Erwachsenen: „Gigi ist doch noch so klein!" Dann haßte Corinna ihre Schwester, und sie wünschte sogar, Gigi sollte tot sein. Aber das merkte niemand, auch Gigi merkte es nicht.

Dann kam Tante Felizitas zu Besuch. Sie mußte wohl sehr reich sein, denn sie sagte zu den Mädchen: "Wir gehen in den Spielzeugladen, und ihr dürft euch aussuchen, was ihr wollt. Das kaufe ich euch."

Sie gingen in den Laden. Corinna suchte sich einen Puppenliegestuhl aus, der hatte einen rot-weiß gestreiften Bezug, und er war nicht länger als eine Hand, aber man konnte ihn richtig zusammenklappen und den Sitz verstellen. Tante Felizitas schenkte Corinna noch eine kleine Puppe dazu.

Gigi suchte sich die größte Puppe im Laden aus, die war fast so groß wie Gigi selbst. Die Puppe hatte ein Gesicht mit Apfelbacken und blauen Klimperaugen, und ihr Mund war breit auseinandergezogen. Sie grinste immerzu.

Tante Felizitas lachte und sagte: "Ein scheußliches Balg!"

Gigi machte sich nichts daraus. Corinna freute sich, daß Tante Felizitas das gesagt hatte.

Zu Hause spielte Corinna mit dem Liegestühlchen. Sie stellte es auf die Fensterbank in die Sonne und setzte die neue Puppe hinein. Sie ließ es Abend werden und klappte das Liegestühlchen zusammen, sie ließ es Morgen werden und stellte das Liegestühlchen wieder auf. Dann nähte sie einen Badeanzug für das neue Püppchen.

Gigi schleppte die große Puppe durchs Haus und zeigte sie den Leuten in allen Wohnungen. Dann wußte sie nicht mehr, was sie tun sollte. Gigi kam zurück ins Zimmer. Sie nahm das Liegestühlchen von der Fensterbank, sie stellte es auf den Fußboden und setzte die große Puppe darauf. Das Liegestühlchen kippte um, und die Puppe fiel hin.

Corinna sagte: "Laß! Das geht nicht. Dein Balg ist zu groß!"

"Ist sie nicht süß, unsere Gigi!!"

"...wenn Gigi das macht, so ist das noch zu verstehen, aber du...!!"

"Räume doch Gigis Spielsachen weg...!"

"...schließlich bist du ja so viel älter!"

"Kannst du nicht besser auf Gigi aufpassen?"

Das BALG

Aber Gigi sagte: „Doch, das geht. Meine Puppe will auch im Liegestuhl sitzen."

Sie versuchte es noch einmal. Sie stemmte sich mit beiden Armen auf den Puppenbauch, sie preßte das dicke Puppenhinterteil auf das Liegestühlchen. Das Liegestühlchen knickte zusammen. Das Holz war zersplittert.

„Kaputt!" sagte Gigi erschrocken. „Kaputt!" Sie sah Corinna an. Corinna legte das Nähzeug weg. Ganz langsam tat sie das, und ganz langsam kam sie durchs Zimmer. Sie stieß die große Puppe mit dem Fuß unter Gigis Bett. Dann hob sie das Liegestühlchen auf.

Gigi fragte: „Man kann's wieder flicken, Corinna, ja?"

„Nein. Kann man nicht!" sagte Corinna. Und sie schlug Gigi ins Gesicht. Gigi rannte zur Tür.

„Geh doch! Sag's doch!" rief Corinna.

Gigi kam zurück. Sie bückte sich und zog die Puppe unter dem Bett hervor. Sie hielt sie Corinna hin.

Das BALG

„Da!" sagte sie. „Deine!" Mehr konnte sie nicht sagen, ihr Mund zitterte zu sehr.

Corinna nahm die Puppe und ließ sie gleich wieder fallen.

„Das blöde Ding will ich nicht haben", sagte sie. „Und heul jetzt bloß nicht! Ich heule ja auch nicht, und du hast mein Liegestühlchen kaputt gemacht, du wolltest es kaputt machen. Du Balg, du scheußliches Balg!"

Gigi drehte sich um. Sie preßte das Gesicht in ihr Kopfkissen und weinte.

Lange Zeit stand Corinna hinter Gigi und sah zu, wie sie weinte.

Dann hob Corinna die Puppe auf. Sie zupfte ihr das Kleid zurecht.

„Sei doch still, Gigi", sagte sie. „Ich sag das nie wieder. Und vielleicht kann man es ja doch noch flicken, mit Pflaster oder Klebstreifen."

„Ich helf dir!" flüsterte Gigi. Sie schluchzte immer noch.

Corinna legte die Puppe neben Gigis Kopf auf das Bett.

„Komm, wir holen den Klebstreifen", sagte sie.

ES IST GANZ SCHÖN

Mária Ďuričková

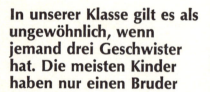

In unserer Klasse gilt es als ungewöhnlich, wenn jemand drei Geschwister hat. Die meisten Kinder haben nur einen Bruder oder eine Schwester. Nur drei Kinder haben zwei Geschwister, und ich als einzige habe drei.

Die Schüler in unserer Klasse glauben, daß es ein großes Pech ist, wenn es daheim vier Kinder sind. Manchmal glaube ich das auch. Die Bonbons und das Gebäck müssen dann unter vier aufgeteilt werden. Alles andere auch. Wenn wir zur Mutter drängeln, dann muß einer den anderen wegschieben.

Ich überlegte, auf wen wir verzichten könnten. Auf Verona?

Das fehlte gerade noch! Wenn die Mutter zur Arbeit geht, sie ist Straßenbahnfahrerin, ist Verona für uns wie die zweite Mutter. Sie macht uns nicht nur das Frühstück, sondern auch das Abendessen. Und wenn die Mutter Frühdienst hat, sorgt sie dafür, daß wir rechtzeitig in die Schule gehen. Zuerst fertigt sie den Vater ab, dann uns drei und schließlich auch sich selbst. Auch sie geht noch in die Schule.

Ohne Verona kommen wir in unserer Familie nicht aus.

Aber wie wäre es mit Melitka? Vielleicht ohne sie? Geht auch nicht. Sie haben wir alle am liebsten. Sie wiederum hat mich am liebsten. Na, vielleicht am allerliebsten Mutter, aber dann komme ich. Ich bringe sie in den Kindergarten und gehe nachmittags mit ihr in den Park zur Schaukel. Manchmal gehen wir an den Schaufenstern vorbei, und sie hält mich mit ihrer warmen Hand fest. Oder wir fahren in Mutters Straßenbahn und schauen, wie die Läden, die Laternen,

ES IST GANZ SCHÖN

die Zeitungskioske und die Telefonzellen vorbeigleiten und wer von den Bekannten auf dem Bürgersteig geht.

Nein, nein, Melitka gebe ich für nichts auf der Welt her!

Und wenn nun Milan nicht wäre?

Ja, das ginge. Milan ist ein Galgenvogel und ein Luftikus. Er nimmt immer von meinem Teil, ob es nun Schokolade ist oder etwas anderes. Es ist mir recht, daß er jetzt im Krankenhaus liegt – er bekam die Gelbsucht. Wenigstens vorübergehend werden Bonbons und Gebäck nun nur in drei Teile geteilt. Milan dürfte sowas ohnehin nicht essen. Er muß strenge Diät halten. Er tut mir leid, daß er im Bett liegen muß. Es ist für ihn eine große Strafe. Wenn ich mit Melitka spazierengehe, laufen wir immer bis zum Krankenhaus.

Ich werfe ein Steinchen ans Fenster, und Milan zeigt sich sofort. Er springt auf und fuchtelt mit den Händen, so freut er sich. Er ruft auch etwas, aber man kann es durch das geschlossene Fenster nicht verstehen.

Verona machte sich am Samstagnachmittag hübsch. Sie wollte mit Vika zum Fußballspiel gehen. Vika ist ihre Freundin.

Ich ging ihnen auf der Straße nach. Plötzlich sah ich, wie ihnen vom Park her Milan entgegenkam. Der Milan, der mit Gelbsucht im Krankenhaus liegt, oder, sagen wir mal, eigentlich dort liegen müßte oder sollte!

Ich schrie auf, als wäre mir ein Gespenst im Schlafanzug begegnet. Aber er sah mich nicht und lief nach Hause, so schnell, daß er nur so vorbeihuschte.

Ich rannte hinterher.

Daheim schlug die Mutter die Hände über dem Kopf zusammen, als sie Milan vor sich sah.

„Um Himmels willen, wo kommst du her?"

Er sprang zu ihr und umarmte sie. Er vergrub sein Gesicht in ihre Schürze, die ein wenig schmutzig war.

„Ich bin weggelaufen", murmelte er in die Schürze. „Mir gefällt es nicht im Krankenhaus. Dort bekomme ich nur lauter Spritzen. Ich darf nicht einmal hin- und hergehen."

Dann hob er den Kopf und sagte klagend: „Ich bin auch sehr hungrig."

Er muß wirklich sehr hungrig gewesen sein, das sah man. Er war kreidebleich, und seine Augen waren eingefallen. Das lag wohl daran, daß Gelbsucht durch strenge Diät geheilt wird. Er setzte sich an den Tisch und wartete. Er hoffte wohl, die Mutter werde ihm ein Mittagessen vorsetzen. Sie brachte ihm aber nur Kirschkompott. Er aß gierig, so als hätte er hundert Jahre nichts mehr gegessen! Melitka begann zu plärren, deshalb gab die Mutter auch ihr Kompott. Ich nahm mir selbst etwas.

Ich sehe nicht ein, warum nur die Gelbsuchtkranken Anrecht auf so gute Sachen haben.

Die Mutter bekam Angst.

„Du bist ja nur im Schlafanzug?"

„Na und", sagte Milan und aß seine Kirschen.

„Aber auf der Straße!"

„Was ist schon dabei?"

Milan spuckte nicht einmal die Kerne aus. Er hatte diese Angewohnheit.

ES IST GANZ SCHÖN

„Wie bist du denn an der Pförtnerloge vorbeigekommen? Es gibt doch einen Pförtner?"

„Das ist doch nicht schwierig. Ich habe mich geduckt."

„Du bist aber doch noch krank!"

„Was heißt krank. Ich bin nur hungrig."

Die Mutter sorgte sich. Sie fürchtete wohl, daß der Arzt ärgerlich sein könnte. Sie nahm rasch die Schürze ab und wollte plötzlich weggehen. Sie wollte ins Krankenhaus. Vielleicht wollte sie sich erkundigen, ob Milan zu Hause bleiben dürfe.

Kaum war sie fort, fuhren wir mit dem Aufzug hin und her.

Wir bewohnen zwar ein Haus mit nur einem Stockwerk, aber einen Aufzug haben wir trotzdem. Milan hat ihn sich ausgedacht.

Die Schränke im Zimmer stehen ungefähr einen halben Meter auseinander. Der Zwischenraum ist für einen Aufzug wie geschaffen. Wir packen oben auf den Spalt ein Kissen, setzen uns darauf und schwupp gehts abwärts! Ein ausgezeichneter Aufzug. Er ist noch nicht einmal steckengeblieben.

Wir sausten abwechselnd nach unten: Milan, Melitka und ich. Man klettert zuerst auf die Nähmaschine und von dort auf den Schrank.

Gerade wollte Milan oben einsteigen, als jemand das Zimmer betrat. Auf seiner Mütze stand „Krankenhaus". Mir war sofort alles klar. Der Mann blickte streng drein.

„Bitte, der junge Herr! Der Krankenwagen wartet."

Der Tonfall klang scherzend, aber die Augen schauten düster.

Milan und ich durften uns nicht einmal küssen. „Es ist ansteckend", sagte der Mann aus dem Krankenhaus.

Milan verließ das Zimmer, als wenn er ein fremder Junge wäre. Er senkte den Kopf und schaute auf die Hausschuhe, in denen er aus dem Krankenhaus entwichen war.

Melitka fing an zu weinen. Auch mir tat es sehr leid. Ich hätte Milan sogar gern meinen Anteil am Kuchen gegeben, den die Mutter für den Sonntag gebacken hatte. Aber er muß ja Diät halten.

Ich weiß aber inzwischen, daß es auf keinen Fall ein Pech ist, noch drei Geschwister zu haben. Die Kinder in der Schule haben sich geirrt.

Im Gegenteil, es ist ganz schön!

Sei froh, daß du uns hast

Eva Rechlin

Wir wären nie gewaschen
und meistens nicht gekämmt,
die Strümpfe hätten Löcher
und schmutzig wär das Hemd,

wir äßen Fisch mit Honig
und Blumenkohl mit Zimt,
wenn du nicht täglich sorgtest,
daß alles klappt und stimmt.

Wir hätten nasse Füße
und Zähne schwarz wie Ruß
und bis zu beiden Ohren
die Haut voll Pflaumenmus.

Wir könnten auch nicht schlafen,
wenn du nicht noch mal kämst
und uns, bevor wir träumen,
in deine Arme nähmst.

Und trotzdem! Sind wir alle
auch manchmal eine Last:
Was wärst du ohne Kinder?

Sei froh, daß du uns hast.

Astrid Lindgren

Ich möchte auch Geschwister haben

Peter ist jetzt so groß.

Aber früher war er einmal so klein.

Damals konnte er nicht laufen und nicht sprechen. Nur brüllen konnte er. Wenn er schrie, kam seine Mutter und nahm ihn aus seinem Bett und legte ihre Wange gegen Peters Wange und sagte, er sei das niedlichste Kind auf der ganzen Welt. Und wenn Peter Hunger hatte, gab seine Mutter ihm zu trinken. Jeden Abend badete sie ihn in einer Wanne. Dann zappelte Peter wie ein kleiner Fisch, und manchmal versuchte er, die Seife aufzuessen. Papa machte es großen Spaß zuzuschauen, wenn Peter gebadet wurde. Denn Peter war ja beinahe das niedlichste Kind auf der ganzen Welt. Und Mama und Papa hatten ihn sehr, sehr lieb.

Später wurde Peter dann größer und konnte laufen und sprechen und Frikadellen essen und mit Bauklötzen bauen und mit den Kindern auf der Straße spielen.

Auf der Straße traf er manchmal einen Jungen, der hieß Jan. Eines Tages kam Jan ihm entgegen und schob einen Kinderwagen. Er sah mächtig stolz aus. In dem Wagen lag ein Baby, und Jan sagte: „Das ist mein Brüderchen."

Ich möchte auch Geschwister haben

„Aha", sagte Peter.

„Hast du keine Geschwister?" fragte Jan.

„Nöö, aber ich habe zu Hause ein Lastauto, auf das kann man Bauklötze laden", sagte Peter.

„Ein Brüderchen ist besser", sagte Jan. „Dann darf man den Kinderwagen schieben."

„Pfff", sagte Peter.

Dann aber ging er nach Hause zu seiner Mutter und sagte: „Ich möchte auch Geschwister haben."

Da sagte seine Mutter etwas ganz Merkwürdiges. „Du *bekommst* Geschwister", sagte sie, „mindestens ein Schwesterchen oder ein Brüderchen."

Peter war sehr erstaunt. Sonst mußte man viel länger quengeln, wenn man sich irgend etwas wünschte. Kürzlich hatte er wegen eines Dreirads gequengelt. Da aber hatte seine Mutter nur gesagt: „Wir müssen mal sehen. Vielleicht später." Und jetzt sollte er so ohne weiteres eine Schwester oder einen Bruder bekommen.

„Darf ich mitgehen und das Baby kaufen?" fragte Peter. „Ich finde, wir nehmen einen Jungen."

Da sagte seine Mutter wieder etwas Merkwürdiges: „Babys kann man nicht kaufen. Sie wachsen."

„Wo wachsen sie denn?" fragte Peter.

„Dein kleiner Bruder oder deine kleine Schwester wächst in mir", sagte Mama. „Hast du nicht gesehen, daß mein Bauch so dick geworden ist? Dort drinnen wächst nämlich ein kleines Baby. Aber bald ist es groß genug und will herauskommen. Dann fahre ich für eine Weile ins Krankenhaus, denn dort hilft man den Babys, auf die Welt zu kommen."

Eines schönen Tages kam Mama ins Krankenhaus, und als sie wieder heimkam, brachte sie Peters Schwester mit. Das war ein runzeliges kleines Ding, das schrie. Peter freute sich aber trotzdem. Es machte ihm Spaß, sich ihre kleinen Finger und Zehen anzuschauen. Und wenn sie „ä-ä-ä-äh" schrie, machte Peter sie nach und schrie ebenfalls „ä-ä-ä-äh".

„Sie heißt Lena", sagte Mama.

Ich möchte auch Geschwister haben

Lena konnte nicht laufen und nicht sprechen, bloß brüllen. Wenn sie schrie, kam Mama und nahm sie aus ihrem Bett und legte ihre Wange gegen Lenas Wange und sagte, sie sei das niedlichste Kind auf der ganzen Welt. Ja, außer Peter natürlich. Wenn Lena Hunger hatte, gab Mama ihr zu trinken. Jeden Abend wurde Lena in einer Wanne gebadet, und Papa und Peter schauten zu. Mama und Papa hatten Lena sehr, sehr lieb.

Peter aber gar nicht. Peter hatte Lena gar nicht lieb, wenn er es sich richtig überlegte. Es machte überhaupt keinen Spaß,

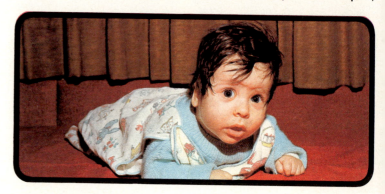

eine Schwester zu haben. Und es war doch wirklich komisch, daß Mama und Papa dieses Bündel liebhatten, das bloß immer brüllte. Aber sie hatten es wirklich lieb, das war deutlich zu sehen. Vielleicht hatten sie Lena sogar lieber als Peter. Das schien Peter so. Und als ihm das einfiel, wurde er ganz furchtbar böse auf Lena.

Ich war schön dumm, als ich sagte, ich wollte Geschwister haben, dachte er. Warum habe ich mir nicht statt dessen lieber ein Dreirad bestellt!

Und er überlegte sich, ob er Lena nicht vielleicht gegen ein Dreirad umtauschen oder aber sie verkaufen und für das Geld ein Dreirad kaufen könnte. Es gibt aber sicher niemanden, der sie haben will, dachte er und haute Lena, die auf einer Decke auf dem Fußboden lag.

Da kam Mama und packte Peter fest am Arm und sagte, er solle sich schämen, daß er das Schwesterchen schlage. Und nun wurde Peter noch wütender auf Lena und auf Mama auch, und er stieß mit den Füßen nach Mama.

Lena schrie, und Peter meinte, es wäre gut, wenn man sie an einer Leine aus dem Fenster hängen könnte, damit man nicht mit anzuhören brauchte, wie sie brüllte.

Ich möchte auch Geschwister haben

Wenn Mama Lena im Arm hatte und ihr zu trinken gab, machte Peter immer so viel Unfug, wie er nur konnte. Bloß damit Mama gezwungen war, Lena beiseite zu legen und zu ihm zu laufen und nachzusehen, was er machte.

Einmal nahm er eine Schere und schnitt sich fast alle Haare ab, und ein andermal nahm er die Teekanne und schmiß sie auf den Fußboden, daß es nur so knallte. Da kam Mama angerast, und das war schön. Schließlich war sie ja zuallererst Peters Mutter gewesen und nicht Lenas.

Eines Tages war Peter ganz unglücklich. Er saß in einer Ecke und weinte, denn er glaubte, Mama und Papa hätten nur Lena lieb und ihn gar nicht. Da kam Mama zu ihm und zog ihn auf den Schoß. Auf Mamas Schoß war es ganz weich und warm. Mama wiegte ihn hin und her, genauso wie sie es immer mit

Ich möchte auch Geschwister haben

Lena machte. Und dann sagte sie: „Ich habe dich ganz furchtbar lieb, Peter. Zuerst hatte ich meinen kleinen Peter lieb, und jetzt habe ich meinen großen Peter lieb."

Da kuschelte Peter sich noch tiefer in Mamas Arme, und dann sagte er:

„Lena ist wirklich dumm!"

„Lena ist nicht dumm", sagte Mama. „Lena ist klein. Und kleine Kinder machen sehr viel Mühe."

„Jaaa", sagte Peter.

„Ich finde, du solltest mir helfen, für Lena zu sorgen", sagte Mama. „Sie ist doch immerhin deine Schwester. Wir haben sie für dich angeschafft. Ich gebe mich nicht mehr allein mit ihr ab. Du mußt dich um sie kümmern."

„Hab ich viel Mühe gemacht, als ich klein war?" fragte Peter.

„Ja, du hast furchtbar viel Mühe gemacht", sagte Mama. „Man mußte sich ständig mit dir abgeben, sonst hast du geschrien."

Da fand Peter, daß wohl Lena jetzt an der Reihe sei, klein zu sein und Mühe zu machen. Sicher war es das beste, wenn er Mama half und für Lena sorgte.

Und das tat er.

Er wusch Lena den Rücken, wenn sie gebadet wurde und hielt das Badetuch bereit, und er deckte sie gut zu, wenn sie schlafen sollte, und sagte: „Und nun wird nicht geschrien, du Schreiliese." Und Lena schrie nicht, sondern schlief sofort ein. Das tat sie bestimmt, weil Peter ihr gesagt hatte, sie solle still sein. Mama freute sich sehr, daß Peter ihr half, für Lena zu sorgen.

Wenn die Sonne schien, gingen Mama und Peter mit Lena hinaus, und Peter durfte den Kinderwagen schieben. Die Kinder auf der Straße kamen alle herbeigelaufen und guckten, und dann sagte Peter: „Das ist mein Schwesterchen!"

So verging die Zeit, und Lena war jetzt so groß.

Da bekamen sie ein Brüderchen, und das hieß Nils. Nils konnte nicht sprechen und nicht laufen, bloß brüllen. Wenn er schrie, nahm Mama ihn aus seinem Bett und legte ihre Wange an Nils' Wange und sagte, er sei das niedlichste Kind auf der ganzen Welt. Ja, außer Peter und Lena natürlich. Wenn Nils Hunger hatte, gab Mama ihm zu trinken. Jeden Abend wurde er in einer Wanne gebadet, und Papa und Peter und Lena schauten zu. Mama und Papa und Peter und Lena hatten Nils sehr, sehr lieb.

Er war ja allerdings klein und machte Mühe, und Mama mußte sich ständig mit ihm abgeben und hatte nicht mehr soviel Zeit für Peter und Lena. Aber das war nicht schlimm. Denn Peter und Lena machten im Kinderzimmer eine Kissenschlacht und hatten viel Spaß. Es war doch wirklich gut, daß Peter Lena nicht gegen ein Dreirad umgetauscht hatte. Sonst hätte er jetzt keinen gehabt, mit dem er eine Kissenschlacht machen konnte.

Ich möchte auch Geschwister haben

Aus dem Tagebuch eines Zweijährigen

Helmut Holthaus

Donnerstag,

8.10 h Kölnisch Wasser auf Teppich gespritzt. Riecht fein. Mama böse. Kölnisch Wasser ist verboten.

8.45 h Feuerzeug in Kaffee geworfen. Haue gekriegt.

9.00 h In Küche gewesen. Rausgeflogen. Küche ist verboten.

9.15 h In Papas Arbeitszimmer gewesen. Rausgeflogen. Arbeitszimmer auch verboten.

9.30 h　Schrankschlüssel abgezogen. Damit gespielt.
Mama wußte nicht, wo er war. Ich auch nicht.
Mama geschimpft.

10.00 h　Rotstift gefunden. Tapete bemalt. Ist verboten.

10.20 h　Stricknadel aus Strickzeug gezogen und krumm
gebogen. Zweite Stricknadel in Sofa gesteckt.
Stricknadeln sind verboten.

11.00 h　Sollte Milch trinken. Wollte aber Wasser.
Wutgebrüll ausgestoßen. Haue gekriegt.

11.10 h　Hose naß gemacht. Haue gekriegt.
Naßmachen verboten.

11.30 h　Zigarette zerbrochen. Tabak drin. Schmeckt nicht gut.

11.45 h　Tausendfüßler bis unter Mauer verfolgt. Dort
Mauerassel gefunden. Sehr interessant, aber verboten.

12.15 h　Dreck gegessen. Aparter Geschmack, aber verboten.

12.30 h　Salat ausgespuckt. Ungenießbar. Ausspucken dennoch
verboten.

13.15 h　Mittagsruhe im Bett. Nicht geschlafen.
Aufgestanden und auf Deckbett gesessen. Gefroren.
Frieren ist verboten.

14.00 h　Nachgedacht. Festgestellt, daß alles verboten ist.
Wozu ist man überhaupt auf der Welt?

Maria Horvath

Wenn ich groß bin...

... werde ich so klug sein wie eine ganze Schule.
Alles werde ich wissen, einfach alles, und vieles sogar besser.

... werde ich die größte Hosentasche der Welt haben,
in die alles hineinpaßt, was wichtig für mich ist.

... werde ich mir eine Uhr basteln, die so lange stehenbleibt, wie ich will.
Dann bin ich immer pünktlich.

... brauche ich mich nicht zu waschen, weil die Großen ja nie schmutzig
sind. Dafür pflanze ich in mein Zahnputzglas eine Bananenpalme und lasse
in der Badewanne ein Schiff schwimmen, und alle Seife der Welt
verkaufe ich.

... werde ich alle Tiere liebhaben und mit nach Hause bringen.
Dann kann ich mich mit ihnen unterhalten,
und sie erzählen mir schöne Geschichten – genau wie im Märchen.

... ziehe ich das an, was ich will. Ich werde immer bunte Hemden tragen,
weil die länger weiß bleiben. Und dann kaufe ich mir eine Hose,
die schon so zerrissen ist, daß ein neues Loch nicht mehr auffällt.

Wenn ich groß bin...

... kaufe ich mir rote Gummistiefel und patsche damit durch alle Pfützen, daß es spritzt, und niemand darf mich schimpfen. In der größten soll mein Nilpferdchen wohnen, damit es sich wohlfühlt. Und ich leiste ihm dabei Gesellschaft.

... werde ich jede Woche Geburtstag feiern,
alle Kinder einladen und viele, viele Geschenke bekommen.
Dann bauen wir eine große Sandburg mit einer Zugbrücke und wohnen darin. Ich bin General und König und die anderen sind die Soldaten.

... werde ich alle Kinder liebhaben und mit ihnen spielen.
Aus meinem großen Obstgarten können sie stehlen, soviel sie wollen.
Und wenn sie mit dem Fußball ein Fenster einschlagen, schaue ich einfach weg.

... gibt es in meinem Haus lauter Wände und Möbel,
die ich mit Farbe beschmieren kann.

... werde ich ein Karussell bauen, das nicht nur rundherum fährt, sondern mit mir auch Ausflüge machen kann.

... werde ich reisen, reisen, reisen – überallhin, auf die Sonne, den Mond, und wo es mir am besten gefällt, steige ich aus und bleibe ein bißchen.

... will ich zur Sonne fliegen,
aber nur im Winter, sonst verbrenne ich mich womöglich.

Christine Nöstlinger

DER SCHWARZE MANN UND DER GROSSE HUND

**Jedesmal, wenn der Willi etwas tat, was der Mutter nicht gefiel, sagte die Mutter: „Willi, der schwarze Mann wird dich holen!" Oder: „Willi, der große Hund wird kommen und dich beißen!" Der Willi dachte oft an den schwarzen Mann und an den großen Hund und malte sich aus, wie die beiden aussehen mochten.
Den großen Hund stellte sich der Willi sehr wild vor. Mit Borstenhaaren und Feueraugen, mit einer Teufelszunge und mit Vampirzähnen. Den schwarzen Mann stellte sich Willi sehr groß vor. Und sehr breit. Mit riesigen Händen und grünen Augen im krebsroten Gesicht.**

Einmal saß der Willi in seinem Zimmer und zerlegte den Wecker. Er wollte nachschauen, warum der Wecker läuten konnte. Gerade als er den letzten Knopf von der Weckerhinterseite gezogen hatte, ging die Zimmertür auf. Der schwarze Mann und der große Hund kamen herein. Die beiden sahen ganz anders aus, als der Willi gedacht hatte. Sie waren uralt und ziemlich schäbig. Der große Hund war dick, hatte kurze Beine, breite Hängeohren und fast keine Haare. Zwischen den wenigen, grauen Locken schaute überall rosa Haut hervor. Aus seinem zahnlosen Maul hing eine rosa Zunge. Seine Augen waren wasserblau. Der schwarze Mann war nicht größer als einen halben Meter. Er hatte schneeweiße Haare und ein Gesicht voll Runzeln. Sein magerer Körper steckte in einem altmodischen, schwarzen Samtanzug.

Der große Hund legte sich neben Willi auf den Fußboden. Der schwarze Mann schaute auf den Willi und auf den Wecker und schüttelte den Kopf und sagte: „Ohne Schraubenzieher wirst du nicht weiterkommen!"

Der schwarze Mann zog einen Schraubenzieher aus der Hosentasche und gab ihn dem Willi.

Willi konnte mit dem Schraubenzieher nicht umgehen. Immer wieder rutschte der Schraubenzieher aus dem Schraubenschlitz. Der schwarze Mann plagte sich eine Stunde mit Willi und dem Wecker herum. Dann war der Wecker zerlegt. Der große Hund grunzte zufrieden.

Plötzlich hörten sie die Mutter kommen. Der schwarze Mann und der große Hund krochen unter Willis Bett. Willi saß allein mit dem zerlegten Wecker auf dem Fußboden, als die Mutter die Tür aufmachte. Während die Mutter die Weckerräder und Weckerschrauben vom Boden aufsammelte, schimpfte sie fürchterlich: „Willi, gleich wird der schwarze Mann kommen! Willi, gleich wird dich der große Hund beißen!"

Der schwarze Mann und der große Hund blieben bei Willi. Am Tag spielten sie mit Willi. In der Nacht schliefen sie bei Willi im Bett. Nur wenn die Mutter ins Kinderzimmer kam, krochen sie geschwind unter das Bett.

Der schwarze Mann hatte schöne Einfälle. Wenn Willi den Hagebuttentee nicht trinken wollte, goß der schwarze Mann mit dem Hagebuttentee den Gummi-

baum. In der Nacht, wenn Willi von einem Geräusch munter wurde und nicht mehr einschlafen konnte, erzählte der schwarze Mann Geschichten. Oder der schwarze Mann bemalte die Mauer hinter Willis Bett mit kleinen schwarzen Männern. Oder der schwarze Mann holte aus der Küche Essig, Kakao, Mehl, Salz und Majoran und machte daraus einen dicken Brei.

Der große Hund tat nicht viel. Er schlief oder grunzte zufrieden. Und jeden Dienstag aß er Willis Kohlsuppe. Wenn der Willi in der Küche eine Stunde vor dem Kohlsuppenteller gesessen hatte und noch immer keinen Löffel gegessen hatte, trug die Mutter den Kohlsuppenteller ins Kinderzimmer und sagte: „Willi, hier bleibst du, bis der Teller leer ist!"

Der große Hund mochte Kohlsuppe. Kaum war die Mutter aus dem Kinderzimmer, schlabberte er den Teller leer.

Eines Tages saßen Willi und der schwarze Mann und der große Hund im Kinderzimmer und dachten nach, ob sie Vaters Briefmarkenalbum holen sollten. Sie dachten so angestrengt nach, daß sie die Mutter nicht kommen hörten. Als die Zimmertür aufging, krochen der schwarze Mann und der große Hund unters Bett. Doch sie waren nicht schnell genug. Die Mutter sah das Hinterteil des großen Hundes unter der Bettdecke verschwinden. Sie fragte: „Willi, was hast du unter dem Bett?" Willi antwortete: „Den schwarzen Mann und den großen Hund!"

„So ein Blödsinn", sagte die Mutter und bückte sich und schaute unter das Bett und schaute dem großen Hund mitten in die wasserblauen Augen. Die Mutter stieß einen Schrei aus und lief in die Küche und kam mit einem Besen zurück.

Sie stocherte mit dem Besen unter das Bett und schrie: „Komm heraus, du Biest!"

Unter dem Bett begann es fürchterlich zu fauchen und zu zischen. Der schwarze Mann und der große Hund kamen hervor.

Der schwarze Mann war aber nicht mehr einen halben Meter groß, sondern zwei Meter und ziemlich breit und krebsrot im Gesicht. Der große Hund sah fürchterlich wild aus. Die grauen Locken waren borstig steif und sein Maul war voller langer, spitzer Zähne.

Die Mutter flüchtete in die Küche. Der schwarze Mann und der große Hund liefen ihr nach. Die Mutter kroch unter den Küchentisch. „Willi", bat sie,

„sag dem schwarzen Mann und dem großen Hund, daß sie mir nichts tun sollen!"

Der Willi rief: „Schwarzer Mann! Großer Hund! Die Mutter fürchtet sich! Erschreckt sie nicht!"

Der schwarze Mann brüllte: „Zuerst sagt deine Mutter dauernd, daß wir kommen werden, und wenn wir da sind, sticht sie uns mit dem Besen und heult!"

Der große Hund zeigte der Mutter seine langen Zähne und bellte sie an: „So eine Frechheit! Seit mehr als hundert Jahren werde ich von den Müttern herbeigerufen! Aber noch nie hat mich eine Mutter mit dem Besen in das Hinterteil gestochen!"

„Schwarzer Mann und großer Hund, geht in das Kinderzimmer zurück", bat Willi.

Da schrumpfte der schwarze Mann auf einen halben Meter zusammen und bestieg den Rücken des großen Hundes. Der große Hund verschluckte seine langen Zähne und schaute wieder alt und freundlich und schäbig aus und trottete ins Kinderzimmer. Die Mutter kroch unter dem Küchentisch hervor.

„Ach Willi", stöhnte sie, „ach Willi, nie mehr rede ich ein Wort vom schwarzen Mann und vom großen Hund!"

Willi nickte und sagte: „Ja, es wird gut sein, sonst erschrickst du wieder so sehr!"

Wie ich mich mal vertrödelt habe

TILDE MICHELS

Nach der Schule wollte ich das Fahrrad gleich ausprobieren. Radeln kann ich schon lange. Ich fuhr zuerst unsere Straße rauf und runter.

Da kam die Hilde aus der Schule. Die geht zwei Klassen höher, und sie ist sehr beliebt. Mit mir redet sie sonst nicht. Ich bin ihr zu kindisch, hat sie mal gesagt. Wie sie mich aber mit meinem Rad sah, blieb sie stehen. „Neu?" hat sie gefragt, und dann hat sie „schick" gesagt, und ich soll sie auch mal fahren lassen.

Ich habe die Hilde nach Hause begleitet, und wir sind immer abwechselnd auf meinem Rad gefahren. Ihre Schultasche haben wir auf den Gepäckträger geklemmt. Vor ihrem Haus fragte mich die Hilde: „Kommst du noch mit rauf?" Wir haben mein Fahrrad abgeschlossen und sind in Hildes Wohnung gegangen.

Ich heiße Nori. Vorige Woche bin ich acht geworden. Ich habe ein Fahrrad bekommen, und der Geburtstag fing so schön an, aber dann war alles aus.

Es war niemand da. Die Hilde macht sich das Essen immer selbst, weil ihre Mutter im Büro arbeitet und mittags nicht heimkommt.

„Da steht noch Kartoffelpüree", sagte Hilde. „Das reicht für dich mit. Dazu hauen wir uns ein paar Eier in die Pfanne. – Willst du?"

Ganz kurz habe ich überlegt, ob meine Mutter das erlaubt, aber ich wollte nicht, daß die Hilde wieder denkt, ich bin kindisch.

Ich habe noch nie Essen selbst gekocht. Daheim hätte mir das auch keinen Spaß gemacht. Mit Hilde war es anders. Sie schlug vier Eier in die Pfanne. „Horch mal, die Spiegeleier", sagte sie, „wie die brutzeln. Die schmatzen richtig und pupsen."

Jetzt weiß ich, warum die Hilde in der Schule so beliebt ist. Der fallen immer komische Sachen ein. In der Pause drängen sich alle um sie und lachen. Wir haben auch gelacht, wie wir die Spiegeleier beobachtet haben.

Ich mußte das Kartoffelpüree umrühren, damit es nicht anbrannte. Dann haben wir am Küchentisch alles aufgegessen und Limo getrunken. Dabei hat die Hilde ihren Plattenspieler laufenlassen. Das darf ich zu Hause beim Essen nie. Die Hilde darf alles, weil sie allein zu Mittag ißt. Sie darf auch mit der Limo gurgeln. Da nimmt sie einen Schluck, läßt ihn in die Kehle rinnen und gurgelt die Schlagermelodie mit. Ich hab's auch probiert, aber zuerst verschluckt man sich.

Als wir fertig gegessen hatten, sagte die Hilde: „Jetzt gehen wir in die ‚Trödelkiste'."

Die „Trödelkiste" kannte ich schon. Aber nur von außen. Das ist ein Laden, in dem man lauter alten Kram kaufen kann: Möbel und Porzellantiere und Bilder und so. Die Hilde sagt, daß sie oft hingeht, weil der Laden dem Vater einer Klassenkameradin gehört und weil es da prima ist, so durcheinander und vergammelt.

Wir sind mit meinem Rad zur „Trödelkiste" gefahren, immer abwechselnd, einmal sie, einmal ich.

Der Mann im Laden ließ uns alles anschauen. Er hatte auch eine Puppenküche, die war hundert Jahre alt. Da war ein Gänseställchen eingebaut und ein Rauchfang, wo kleine Würste drin hingen. Das war ganz süß. Das gefiel sogar der Hilde, und die findet sonst solche Sachen kindisch.

Die Hilde war überhaupt furchtbar nett. Auf dem Rückweg hat sie noch für jeden einen Negerkuß gekauft, und dann bin ich nach Hause geradelt. Ich bin unsere Treppe hochgerannt und wollte meiner Mutter erzählen, wie schön es war. Sie stand aber schon an der Tür und machte ein Gesicht – da wußte ich gleich, daß sie böse auf mich war.

Zuerst hat sie „Gott sei Dank" gerufen, und dann hat sie losgeschimpft. Wo ich so lange war, und daß sie schreckliche Angst hatte, mir wäre was mit dem Fahrrad passiert. Und sie will mir das Rad wegnehmen, wenn ich noch mal fortfahre, ohne es zu sagen.

Ich wußte gar nicht, daß es so spät war. Ich konnte auch nicht mehr erzählen, wie schön es gewesen ist. Das hat mir jetzt keinen Spaß mehr gemacht. Es war alles aus, und ich war schuld, und ich hab' mir doch nichts dabei gedacht.

BAMMEL KOMMT IN FAHRT

Hans Stempel / Martin Ripkens

Bammel hat ein Fahrrad bekommen, doch mit der Freude ist es bald vorbei. Der erste Versuch scheitert kläglich. Da holt der Vater einen Schraubenschlüssel und stellt den Sattel niedriger. „So ist es einfacher", sagt er. Aber Bammel hat immer noch Angst. „Kann ich es nicht auf einer Wiese versuchen?" fragt er. Der Vater schüttelt den Kopf. „Wer fahren will, braucht festen Boden. Steig auf. Ich halt dich fest."

Bammel steigt auf und tritt in die Pedale. Er dreht sich um und sieht den Vater, der das Rad festhält und hinter ihm herläuft. Und Bammels Mut steigt. Doch als er sich nach ein paar Sekunden noch einmal umdreht, ist da kein Vater mehr, und schon liegt er wieder auf der Nase.

„Ich kann nicht", schreit Bammel. „Natürlich kannst du", sagt der Vater. „Natürlich kannst du radfahren! Du darfst dich nur nicht umdrehn!" Und so steigt Bammel wieder auf, und wieder hält der Vater das Rad fest, doch diesmal nur für Sekunden. Dann fährt Bammel allein, und zuletzt macht es ihm nicht einmal mehr etwas aus, sich umzudrehn.

Und als sein Freund Peter sich wundert, daß er so furchtlos in die Pedale tritt, da ruft Bammel: „Natürlich kann ich radfahren!"

Die Schwäne auf dem Wasser

BENNO PLUDRA

Der kleine Junge hatte in diesem Sommer schwimmen gelernt. Er war noch sehr klein, und alle Leute bewunderten ihn. „Seht mal", sagten die Leute, „der kleine Junge kann schwimmen."

Zum erstenmal schwamm er heute ganz allein. Kein Vater war dabei, niemand am Ufer sah ihn. Der See war groß und glatt; er lächelte im Sonnenschein. Seerosenfelder blühten gelb und weiß.

Zwischen den Seerosenfeldern, auf einer blanken Wassergasse, schwamm der kleine Junge vom Ufer weg und hin zu einem Pfahl. Dort hielt er sich fest, das Kinn knapp über dem Wasser, und verschnaufte. Die Wiese am Ufer erschien ihm fern, die Büsche und Bäume ruhten reglos wie im Schlaf.

Der kleine Junge war glücklich und stolz.

„Ich habe keine Angst mehr", sagte er zu sich selber, „ich könnte sonstwohin und sonstwieweit noch schwimmen."

Nun sah er die Schwäne.

Es waren drei, und sie zogen gemächlich heran, zwischen den Seerosenfeldern die blanke Wassergasse herauf, leicht und ruhig wie weiße segelnde Schiffe.

Der kleine Junge blieb am Pfahl. Zwei Lehren hatte ihm sein Vater gegeben: „Den Seerosen weiche aus, den Schwänen komm nicht zu nahe. Hüte dich, paß auf!"

Die Schwäne begannen zu fressen. Sie beugten die hohen Hälse nieder und schnatterten mit den harten Schnäbeln flach durchs Wasser. Die schweren Schwingen waren aufgestellt und sahen aus, als wären sie federleicht.

Der kleine Junge klebte am Pfahl. Das Holz war glatt, von Algen bewachsen, und die Schwäne ließen sich Zeit. Sie gaben den Weg nicht frei, die blanke Wassergasse blieb versperrt.

Der Junge fror. Er war klein und ein bißchen mager, darum fror er bald und wünschte, daß die Schwäne jetzt verschwinden möchten. Er überlegte auch, ob er die Seerosenfelder nicht umschwimmen sollte; doch er war nun schon lange im Wasser und fühlte sich nicht mehr so stark, seine Muskeln waren kalt. Der kleine Junge wagte nicht, die Seerosenfelder zu umschwimmen.

Die Schwäne indessen glitten langsam näher. Sie fraßen nach links und rechts und glitten auf den kleinen Jungen zu. Er hörte ihre Schnäbel schnattern, und er wußte, daß diese Schnäbel zuschlagen konnten, heftig wie die Faust eines Mannes.

Noch beachteten sie den kleinen Jungen nicht. Er verhielt sich still. Er fror immer mehr, und die Schwäne lagen drei Schritte entfernt auf dem Wasser. Sie fraßen nicht mehr und rührten sich nicht.

Ihre großen Körper schaukelten sanft.

Der kleine Junge mußte schwimmen. Es gab keine Wahl, er mußte schwimmen – oder er würde versinken, hier am Pfahl, von keinem bemerkt.

Warum rief er nicht nach Hilfe?

Es gab keine Hilfe. Kein Vater, niemand am Ufer sah ihn. Der kleine Junge mußte schwimmen.

Er sammelte all seinen Mut und zog die Füße an den Leib und stieß sich ab vom Pfahl. Das Wasser rauschte auf, eine Welle schoß voran, den Schwänen unter den weißen Bug. Sie äugten scheel, die Schnäbel aufrecht und abgewandt, und wichen lautlos zur Seite.

Der kleine Junge aber schwamm. Sein Kopf war steil erhoben, und hinten am Wirbel spießten die kurzen blonden Haare hoch.

Streiten
muß sein

Streiten muß sein!   Nein, Nein!

Streiten macht frei!   Es ist bloß Geschrei!

Streiten tut gut!   Es steigert die Wut!

Streiten macht Spaß!   Es erzeugt Haß!

Streiten ist fein!   Streit ist gemein!

Und was machen die beiden?
sie streiten

IRMELA BRENDER

Max Bolliger

Das böse Wort

Wie fing es an?
Wer ist schuld daran?
Du oder ich oder das böse Wort?
Aber bitte, geh nicht fort!
Willst du die Marke aus Portugal
oder lieber den blauen Ball?
Laß mich nicht allein!
Ich geb dir auch den Stein,
den Zauberkasten
oder die goldenen Quasten,
sogar meinen Indianerhut,
aber bitte, sei wieder **gut**

Es gibt Sachen, über die ich nicht reden kann. Das ist vielleicht dumm, aber es geht einfach nicht.

Tilde Michels

Das mit dem Leo Schirnberger hab' ich auch niemand erzählt. Der Leo Schirnberger wohnt zwei Häuser weit von uns weg. Er kann mich nicht leiden, aber ich habe ihm bestimmt nie was getan.

Wenn ich mittags von der Schule komme und es ist gerade keiner auf der Straße, überfällt er mich. Er macht das ganz langsam. Zuerst lugt er durch einen Spalt aus seiner Haustür, dann kommt er heraus und geht langsam auf mich zu.

Wie es der böse Leo macht

Ich könnte weglaufen oder schreien – aber ich tue es nicht. Warum, weiß ich selbst nicht. Ich stehe nur da und warte, bis er ganz nah gekommen ist. Er merkt, daß ich Angst vor ihm habe, und das freut ihn. Er grinst mich an und sagt: „Rühr dich nicht! Ich bin stärker."

Dann packt er mich im Genick und drückt meinen Kopf tief hinunter auf die Straße. Mein Herz klopft jedesmal furchtbar, und ich denke, daß ich keine Luft mehr bekomme. Ich kann mich nicht wehren, und die Angst wird ganz groß und schwarz. Plötzlich läßt mich der Leo los und sagt: „Pff du, hau doch ab!" Und dann geht er langsam wieder in sein Haus.

Das hat er schon fünfmal gemacht.

Neulich hat es eine fremde Frau beobachtet. Sie ist von der anderen Straßenseite herübergekommen und sagte: „Laß das Mädchen in Ruh, du Dreckskerl!" Dann hat sie den Leo gepackt, genauso wie er es immer mit mir macht. Ganz tief hat sie ihm den Kopf hinuntergedrückt. Und zu mir sagte sie: „Jetzt zeig's ihm. Hau ihn!"

Das wollte ich aber nicht. Darum hab' ich den Kopf geschüttelt und bin schnell fortgelaufen. An unserer Haustür hab' ich mich noch mal umgedreht. Da hat der Leo noch immer geduckt gestanden, und die Frau hat ihn beim Genick geschüttelt.

Das ist schon ein paar Tage her, und der Leo hat mir nicht mehr aufgelauert. Vielleicht läßt er mich jetzt in Ruh. Wenn er es wieder versucht, renne ich weg. Oder ich sage zu ihm: „Hau ab, du Dreckskerl!"

JUPP UND JULE

HEIDRUN PETRIDES

DER HÖLZERNE LÖWE

Herbert Heckmann

Die meisten Schwierigkeiten zwischen den Menschen entstehen dann, wenn einer plötzlich entdeckt, daß er etwas nicht hat, was ein anderer hat.

Hummelpaul hatte von seinem Onkel einen hölzernen Löwen geschenkt bekommen. Es war ein hölzernes Prachtstück, mit einem zum Brüllen aufgerissenen Maul, fast furchtbarer aussehend als ein richtiger Löwe, der meist schläft, wenn man ihn im Zoo besucht. Hummelpaul zeigte Löffelchen den Löwen, und Löffelchen hatte plötzlich nur noch einen Gedanken: Diesen Löwen muß ich besitzen – und wenn der ganze Schnee verbrennt. Er wurde fast krank vor Neid. Warum hatte keiner seiner Verwandten einen solchen Löwen? Warum mußte gerade ein Onkel von Hummelpaul auf den Gedanken kommen, einen holzgeschnitzten Löwen zu verschenken?

Löffelchen starrte mit besitzgierigen Blicken auf den Löwen, der sein zahnbewehrtes Maul zum Brüllen aufriß und mit dem Schweif den Boden peitschte.

„Was ist das für ein Holz?" fragte er.

„Eiche natürlich", erwiderte Hummelpaul, obwohl er nicht die geringste Ahnung hatte.

„So, Eiche." Löffelchen wiederholte das Wort bewundernd und strich mit der Hand über den Löwen. „Was wird er wohl wert sein?"

Er starrte Hummelpaul erwartungsvoll an.

„Mindestens tausend Mark und noch viel mehr."

„So, tausend Mark."

DER HÖLZERNE LÖWE

Löffelchen versuchte, sich 1000 Mark auf einem Haufen vorzustellen. „Würdest du ihn unter Umständen auch verschenken?" fragte er und schaute schnell zu Boden.

„Du spinnst wohl, Mann, so dumm werde ich in hundert Jahren nicht sein."

Löffelchen sah ein, daß da nichts zu machen war. Hummelpaul hatte einen Löwen und er nicht. Traurig ging er nach Hause und wartete auf seinen Vater.

„Kannst du mir tausend Mark leihen?" fragte er und machte das unschuldigste Gesicht, zu dem er fähig war.

„Sag mal, fehlt dir was? Woher soll ich tausend Mark nehmen und nicht stehlen? Wozu brauchst du eigentlich das Geld?"

„Ach nur so, der Hummelpaul hat da einen Löwen, und den möchte ich ihm abkaufen. Tausend Mark will er dafür haben. Wie oft muß ich dafür den Dreckeimer ausleeren?"

„So viel Dreck haben wir gar nicht!" antwortete der Vater und versteckte seinen Kopf hinter der Zeitung und murmelte: „Sonst geht's dir aber noch gut."

Löffelchen ging an diesem Abend verzweifelt zu Bett. Er sah den Löwen vor sich, der sein Maul grimmig aufriß. Im Sparschwein lagen 5 Mark und einige Pfennige und Knöpfe. Dafür bekam er höchstens einen Zahn des Löwen. Was ist aber ein Zahn ohne das übrige?

Am nächsten Tag erkundigte er sich bei Hummelpaul nach dem Löwen.

„Darf ich ihn mir noch einmal ansehen?" bettelte Löffelchen.

Hummelpaul nahm seinen Freund mit sich nach Hause. Der Löwe stand mehr oder weniger stolz auf einem Schrank. Er war noch schöner, als ihn Löffelchen in Erinnerung hatte.

„Was willst du heute für ihn?" fragte er.

„Den gebe ich nie her."

Löffelchen schloß enttäuscht die Augen.

„Ich könnte dir einen Globus und meine Geige dafür geben."

DER HÖLZERNE LÖWE

„Was soll ich mit dem zerbeulten Globus und dem Wimmerkasten!" Hummelpaul schaute seinen Freund hochmütig an.

Löffelchen zählte im Geiste alles auf, was er besaß: 7 Bücher, davon drei langweilige, ein abgebrochenes Brotmesser, einen verrückten Kompaß, eine Taschenuhr ohne großen Zeiger, eine Pfauenfeder, 12 Glasklicker (oder waren es 13?), einen geschnitzten Pfeifenkopf, der einen pfeiferauchenden Mann darstellte, die verknitterte Fotografie eines Eisbären, eine russische und vier englische Münzen, einen Sheriffstern aus versilberter Pappe, eine Zigarrenkiste voller Briefmarken, einen Donald Duck aus Gummi, einen Wasserfarbenmalkasten, in dem die rote Farbe fehlte, ein Einmachglas voller Kieselsteine, einen Atlas aus dem Jahre 1896 und einen falschen Schnurrbart, ein Dominospiel, einen Gartenzwerg ohne rechte Hand, alles in allem drei Schubladen voll. Und da war noch das Fahrrad. Aber ein Fahrrad gibt man nicht her, dachte Löffelchen und verließ traurig und ohne Löwen seinen Freund Hummelpaul. Er war so in Gedanken, daß er gegen einen dicken Mann rannte.

„Hast du keine Augen im Kopf!"

Löffelchen ging weiter, ohne sich um den dicken Mann zu kümmern, der hinter ihm herschimpfte. Ein dicker Mann war kein Löwe.

Die Mutter fragte ihn: „Was fehlt dir nur?"

Löffelchen schwieg. Wie konnte er seiner Mutter nur klarmachen, daß sein Glück an einem holzgeschnitzten Löwen hing, der im Besitz von Hummelpaul war?

Die nächsten Tage waren qualvoll. Schon beim Aufstehen, vor dem ersten Biß in das Frühstücksbrot, dachte Löffelchen an den Löwen, und das änderte sich den ganzen Tag nicht.

Er mied seinen Freund Hummelpaul.

Schließlich sagte er zu ihm: „Was würdest du machen, wenn ich dir mein Fahrrad für den Löwen geben würde?"

Hummelpaul ließ vor Überraschung seinen Mund offenstehen. „Was redest du da? Dein Fahrrad für den ... Hat dein Fahrrad eine Klingel?"

„Was denkst denn du!"

„Das mache ich, du wirst lachen, das mache ich."

DER HÖLZERNE LÖWE

Löffelchen erhielt den hölzernen Löwen und Hummelpaul das Fahrrad mit der Klingel. Löffelchen konnte jedoch nicht auf seinem Löwen herumfahren, wie das Hummelpaul auf dem Fahrrad tat.

Nach genau einer Woche beneidete Löffelchen Hummelpaul um das Fahrrad, und der Löwe, der auf dem Kleiderschrank Staub fing, sah plötzlich sehr dumm aus. Löffelchen stellte sogar fest, daß der König der Tiere eher einem Lamm glich. Was hatte er nur in der Holzfigur gesehen!

Er ging zu Hummelpaul und sagte: „Was würdest du machen, wenn ich dir den Löwen wiedergebe, und ich bekomme mein Fahrrad zurück?"

Hummelpaul machte nicht sehr viel. Er tippte nur mit dem Zeigefinger der rechten Hand gegen die Stirn.

Das Leben ohne Fahrrad fiel Löffelchen sehr schwer. Er gab seinen Globus, den Kompaß, den geschnitzten Pfeifenkopf, die Zigarrenkiste voller Briefmarken, die alte Taschenuhr und den Löwen her, um sein Fahrrad wiederzubekommen.

Er dachte: Wozu soll schon ein hölzerner Löwe gut sein.

„Der da ist in den Bach geflogen.
Der da hat ihn herausgezogen.
Der da hat ihn heimgebuckelt.
Der da hat ihn ins Bett gesteckt.
Und der da hat alles Vater und Mutter entdeckt."

So wird mit Absicht in Verse gesetzt,
wie der eine den andern verpetzt.

drum: „Der da ist in den Bach geflogen.
Der da hat ihn herausgezogen.
Der da hat ihn heimgebuckelt.
Der da hat ihn ins Bett gesteckt.
Und der hat ihn heimlich warm zugedeckt."

Es war einmal ein großer Apfelbaum. Der stand genau auf der Grenze zwischen zwei Gärten. Und der eine Garten gehörte Herrn Böse und der andere Herrn Streit.

Als im Oktober die Äpfel reif wurden, holte Herr Böse mitten in der Nacht seine Leiter aus dem Keller und stieg heimlich und leise-leise auf den Baum und pflückte alle Äpfel ab.

Als Herr Streit am nächsten Tag ernten wollte, war kein einziger Apfel mehr am Baum. „Warte!" sagte Herr Streit, „dir werd' ich's heimzahlen."

Und im nächsten Jahr pflückte Herr Streit die Äpfel schon im September ab, obwohl sie noch gar nicht reif waren. „Warte!" sagte Herr Böse, „dir werd' ich's heimzahlen."

Und im nächsten Jahr pflückte Herr Böse die Äpfel schon im August, obwohl sie noch ganz grün und hart waren. „Warte!" sagte Herr Streit, „dir werd' ich's heimzahlen."

Und im nächsten Jahr pflückte Herr Streit die Äpfel schon im Juli, obwohl sie noch ganz grün und hart und sooo klein waren. „Warte!" sagte Herr Böse, „dir werd' ich's heimzahlen."

Und im nächsten Jahr pflückte Herr Böse die Äpfel schon im Juni, obwohl sie noch so klein wie Rosinen waren. „Warte!" sagte Herr Streit, „dir werd' ich's heimzahlen."

Und im nächsten Jahr schlug Herr Streit im Mai alle Blüten ab, so daß der Baum überhaupt keine Früchte mehr trug. „Warte!" sagte Herr Böse, „dir werd' ich's heimzahlen."

Und im nächsten Jahr im April schlug Herr Böse den Baum mit einer Axt um. „So", sagte Herr Böse, „jetzt hat Herr Streit seine Strafe." Von da ab trafen sie sich häufiger im Laden beim Äpfelkaufen.

HERR BÖSE UND HERR STREIT

Heinrich Hannover

Wie die Jungen zwitschern

VATER & SOHN

Das Nachthemd im Brotkorb

Gina Ruck-Pauquèt

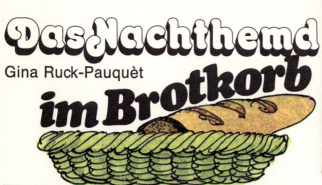

„Die Familie Meierbein zieht um", sagt Tipsy, die am Fenster steht. „Eben tragen sie die Betten raus."

Mumpf springt auf die Fensterbank, um zuzuschauen.

„Furchtbar", meint Tante Josefin, die die Kakteen abstaubt. „Umziehen ist furchtbar!"

„Ich weiß nicht", sagt Tipsy. „Es kann doch hübsch sein, einmal anders zu wohnen."

„Au!" Tante Josefin zieht sich einen Stachel aus dem Finger. „Deswegen braucht man doch nicht umzuziehen", meint sie dann.

„Wieso?" fragt Tipsy.
„Hm", überlegt Tante Josefin, „man müßte nur die Möbel anders stellen."

„Zum Beispiel den Tisch ans Fenster", schlägt Tipsy vor. „Dann könnten wir beim Essen rausgucken."

Und schon packen sie an.

„Fein", sagt Tante Josefin, „dann kann der Schrank dahin, wo der Tisch war."

Aber weil der Schrank so schwer ist, müssen sie ihn ausräumen.

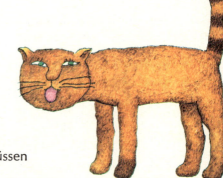

Das Nachthemd im Brotkorb

„Ich stell' die Töpfe erst mal auf den Boden", ruft Tipsy.

Kater Mumpf findet das prima.

„Hilf mir mal!" Tante Josefin krempelt die Ärmel hoch. „Das Büfett muß in die andere Ecke."

„Da paßt es nicht hin", stellt Tipsy fest.

„Dann muß es dahin, wo die Betten stehen", ordnet Tante Josefin an, und Tipsy beginnt, die Bettdecken abzuziehen.

„Ziemlich eng hier", sagt sie, als sie über die Bratpfanne stolpert. „Früher war die Wohnung größer."

„Das kommt, weil das Sofa im Weg steht", meint Tante Josefin. „Nimm mal die Kissen runter!"

„Mumpf!" ruft sie dann.

Mumpf hört augenblicklich auf, sich die Krallen an den Matratzen zu schärfen. Dafür springt er in den Hutkarton.

„Mumpf!" schreit Tipsy.

Sie beginnt, die Bücher aus dem Regal zu räumen. Und weil sie im Augenblick nicht weiß, wohin damit, steckt sie sie in die Kochtöpfe.

„Wir hätten anfangs den Teppich wegrollen sollen", seufzt Tante Josefin.

„Ja", sagt Tipsy, „jetzt geht es nicht mehr."

Da kocht Tante Josefin erst einmal Tee. Weil sonst nirgendwo Platz ist, setzen sie sich zum Teetrinken auf die Fensterbank.

Die Wohnung sieht aus wie nach einer Schlacht.

„Wir müssen alles anders machen", sagt Tante Josefin.

Sie schieben und tragen und rücken bis in den späten Abend.

„Es sieht immer noch merkwürdig aus!"

Tante Josefin wischt sich die Haare aus dem Gesicht.

„Das liegt daran, daß jetzt die Kochtöpfe im Bücherregal stehen und der Schrank vorm Fenster", überlegt Tipsy. „Möglicherweise wird es bei Tag ein wenig dunkel sein."

„Na ja", meint Tante Josefin. „Weißt du vielleicht, wo mein Nachthemd ist?"

„Ich glaube, im Brotkorb", antwortet Tipsy. „In der Nachtkommode sind ja jetzt die Einmachgläser."

Um ins Bett zu kommen, müssen sie übers Büfett klettern.

„Und wie machen wir das Licht aus?" überlegen sie. „Wir lassen es brennen", schlägt Tipsy vor. „Wenn es bei Tag schon dunkel ist, kann es wenigstens bei Nacht hell sein."

„Hm", macht Tante Josefin.

Dann liegen sie im Bett. Lange ist es still.

„Wir könnten auch . . ." meint Tipsy endlich.

„Ja", sagt Tante Josefin, „wir könnten alles wieder so machen, wie es war."

„Morgen", flüstern sie beide. Dann schlafen sie ein.

Auf dem Balkon soll eine Wiese wachsen

Hanna Hanisch

Regen, Regen, Regen. Im Hochhaus fühlte man sich wie auf einem Schiff im Regenmeer. Anke hatte plötzlich Lust, durch das Meer zu schwimmen, hinüber zu einem anderen Haus, wo vielleicht auch ein Mädchen aus dem Fenster sah.

Man kann nicht von einem Hochhaus zum anderen schwimmen. Man muß mit dem Fahrstuhl nach unten fahren, ein bißchen auf dem Platz herumbummeln, und wenn man Glück hat, sitzt dort jemand im Regenmantel und wartet, daß man kommt.

Anke hatte Glück. Auf den Betonstufen zur Ladenstraße saß ein Mädchen im gelben Umhang. Es schnallte seine Rollschuhe an.

„Darfst du bei Regenwetter Rollschuh fahren?" fragte Anke.

„Ich bin auf dem Flur gefahren", sagte das Mädchen. „Aber meine Mutter hat geschimpft. Sie sagt, wir müssen ausziehen, wenn ich auf dem Flur spiele."

Das Mädchen fuhr Kreise auf den Steinplatten. Die Rollschuhe klapperten. Dann breitete es die Arme aus und streckte das linke Bein nach hinten. Vom gelben Umhang tropfte der Regen. Sie kann toll fahren! dachte Anke.

Das Mädchen fuhr jetzt eine Schnecke. Bogen, die immer enger wurden. In der Mitte hockte es sich plötzlich nieder. „Komm mal her!" rief es. „Hier wächst was Schönes." Anke bückte sich neben sie.

Zwischen den Ritzen zwängte sich Grünes hindurch.

„Das ist ja Gras! Richtiges Gras!" Anke berührte es mit den Fingern. „Es ist so zart. Wie kommt es nur durch die engen Ritzen? Es muß eine Menge Kraft haben."

„Unter den Steinen ist keine Erde, bloß Sand", sagte das Mädchen. „Ich habe gesehen, wie die Arbeiter die Steine in Sand gelegt haben."

„Wenn es jeden Tag regnet, wächst bestimmt noch mehr Gras", sagte Anke. „Eine ganze Wiese. Im Fernsehen haben die Kinder immer Wiesen." Jetzt sahen sie, daß auch zwischen den anderen Steinen grüne Spitzen wuchsen.

Am andern Tag schien die Sonne. Anke traf wieder das Mädchen mit den Rollschuhen. Es fuhr vorsichtig um das Grasbüschel herum. „Unser Gras ist ein Stück gewachsen", sagte Anke. „Jeden Tag wächst es ein Stückchen mehr."

Sie hockten sich auf die Stufen und sahen, wie sich die Sonne in einer Pfütze spiegelte. Dort hatte sich ein Stein gesenkt.

Dann kam ein Mann. Er trug einen Kanister auf dem Rücken, daran hing ein Schlauch mit einer Düse. Er besprühte den Platz.

„Was macht der Mann?" fragte Anke. Das Mädchen starrte geradeaus. „Er spritzt Gift, damit nichts Grünes wächst. Morgen ist alles gelb."

Der Mann kam jetzt näher. Anke sprang auf und riß das grüne Büschel heraus. Es ging ganz leicht. An den Gräsern hingen fadendünne Wurzeln. Ein wenig Sand hing noch daran.

„Ich bringe es auf den Balkon", sagte Anke. „Auf dem Balkon soll eine Wiese wachsen. Eine große, grüne Wiese."

Bertolt Brecht
Der Pflaumenbaum

Im Hofe steht ein Pflaumenbaum,
der ist klein, man glaubt es kaum.
Er hat ein Gitter drum,
so tritt ihn keiner um.

Der Kleine kann nicht größer wer'n.
Ja, größer wer'n, das möcht er gern.
's ist keine Red' davon,
er hat zu wenig Sonn'.

Den Pflaumenbaum glaubt man ihm kaum,
weil er nie eine Pflaume hat.
Doch er ist ein Pflaumenbaum,
man kennt es an dem Blatt.

Michael aus dem fünfzehnten Stock

Inger Skote

Michael ist sieben Jahre alt. Er ist in ein ganz neues Haus eingezogen. Er wohnt im fünfzehnten Stockwerk.

Von dort oben ist es sehr weit bis nach unten zur Erde. Michaels Mutter muß durch ein Fernglas sehen, um zu erkennen, wer dort unten zwischen all den blauen und roten und gelben Punkten ihr Michael ist. Und wenn sie ihm etwas sagen will, muß sie durch ein Sprachrohr rufen, sonst wird es unten nicht gehört.

An einem Frühlingstag hopst Michael umher und stapft durch die Lehmpfützen vor der Tür. Das Haus ist so neu, daß auf dem Grundstück ringsherum noch nichts fertig ist. Da liegen Bretter und Leitern und eine ganze Menge Rohre im Schmutz umher. Michael stampft und spritzt – seine Hosen sind schon ganz gesprenkelt. Er wartet darauf, daß Bengt und Janne zum Spielen herauskommen, damit sie aus den Brettern Häuser bauen oder eine Wippe machen können. Oder sie kriechen durch den „Engen Schrecken" und die anderen Rohre und tun so, als wären sie Gefangene, die aus dem Kerker flüchten.

Neulich hat ein Mann mit ihnen geschimpft, weil sie mit den Brettern und Rohren gespielt haben.

„Kinder müssen immer alles kaputtmachen", sagte er.

Aber da kam ein anderer Mann vorbei und meinte, irgendwo müßten die Kinder doch wohl spielen. Auf den Parkplätzen dürften

Michael aus dem fünfzehnten Stock

sie nicht sein und nicht in den Hauseingängen und nicht auf der Straße.

Da brummte der erste: „Ach, die Gören, die machen nur Lärm und toben herum und zerstören alles!" Und dann ging er.

Als Michael seiner Mutter davon erzählte, sagte sie: „Der arme Mensch!"

„Wer denn?" fragte Michael. „Dieser dumme Mann?"

„Ja", sagte die Mutter, „schade um Menschen, die Kinder nicht mögen. Sie sind nie richtig glücklich."

„Warum sind sie nicht richtig glücklich?"

„Tja, ich weiß nicht. Aber dieser Mann da war vielleicht nur schlecht gelaunt. Vielleicht hatte er Streit mit seiner Frau gehabt!"

Seitdem denkt Michael immer, wenn ein Erwachsener unfreundlich zu ihm ist: Er hat wohl nur mit seiner Frau Streit gehabt. Oder: Sie hat sich sicher nur mit ihrem Mann gezankt.

„Heiheihe, hohohopp!" Michael versucht, mit beiden Füßen zugleich von der einen Pfütze in die andere zu springen. Furchtbar, wie lange es dauert, bis Bengt und Janne kommen. Und Katharina!

Plötzlich findet Michael einen Stein. Er ist ganz weiß – nur ein bißchen schmutzig – und fast rund. Er glänzt und glitzert in der Sonne. Er ist bestimmt der schönste Stein, den er jemals gesehen hat! Den muß er der Mutter zeigen!

Er zieht ein riesengroßes rotes Taschentuch heraus, das er in der Luft hin und her schwenkt. Das macht er immer, wenn er nicht länger unten bleiben will. Wenn die Mutter das sieht, kommt sie herunter und holt ihn, denn Kinder dürfen nicht allein mit dem Fahrstuhl fahren.

Er winkt und winkt, aber die Mutter öffnet kein Fenster und winkt nicht zurück, wie sie es sonst tut. Sie hat sich vielleicht hingelegt und schläft? Ob er inzwischen einen Sprung hinüber zum Wald macht?

Michael läuft über den lehmigen Boden hin zu seinem Wald.

Eigentlich ist das ja kein Wald – nur eine Eiche. Und sie gehört auch nicht Michael. Aber er tut so, als wäre dieser Baum dort sein Wald.

Er stellt sich hin, den Bauch dicht an den Stamm gedrückt, und sieht in die Baumkrone hinauf. Wenn man nun noch die Hände dicht neben die Augen hält, so daß man keine Autos oder Häuser mehr sieht, sondern nur die Zweige und den Himmel darüber, dann geht es wunderbar, sich einzubilden, man sei in einem Wald.

Michael sieht sich vorsichtig um. Dann greift er unter eine Wurzel und zieht einen Plastikbeutel heraus. Er ist vollgestopft mit Knöpfen, Steinen und Federn. Kein anderer weiß von diesem kleinen Loch unter der Wurzel. Das ist Michaels Geheimnis.

Wenn ich Mutti den Stein gezeigt habe, werde ich ihn hier in das Schatzversteck

Michael aus dem fünfzehnten Stock

legen, denkt er. Kein einziger von den Steinen, die ich bei Großmutter gefunden habe, ist so schön wie dieser. Michaels Großmutter wohnt auf dem Lande in einem roten Haus, das nur ein Stockwerk hat und keinen Fahrstuhl. Aber sie hat einen großen Garten mit Apfelbäumen, und im Sommer wachsen da Blumen und Gemüse.

Immer, wenn Michael und die Eltern bei Großmutter zu Besuch sind, sagt Vater: „Ja, so sollten Kinder wohnen, das ist doch klar, mit Blumen und Bäumchen und Erde, die man anfassen kann! Kinder sollten nicht in einem Hochhaus wohnen!"

Aber Michael findet es nicht traurig, in einem Hochhaus zu wohnen. Wenn er abends zu Hause in der Küche sitzt und Knäckebrot und dicke Milch ißt, malt er sich aus, daß in allen Küchen genau unter ihm, ganz bis zur Erde hinunter, überall Kinder sitzen und Abendbrot essen – wie er.

Michael aus dem fünfzehnten Stock

PETER UND DIE KUH ISABELL

Hans Baumann

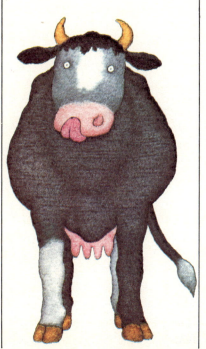

Zu den zwanzig Kühen in seinem Stall
sagt der Bauer Lorenz: „Ein toller Fall!
Da gibt's einen Jungen in der Stadt,
der noch nie eine Kuh gesehen hat.
Er heißt Peter Kümmel und wohnt im Block
am Wettersteinplatz Nummer acht, sechster Stock."
„Unerhört, unerhört!"
brummen die Kühe und tun empört.
Und die Kuh Isabell
zieht los auf der Stell,
um zu Peter zu gehn:
Eine Kuh soll der sehn!
Isabell marschiert durch die Stadt. Nach drei Stunden
hat sie Wettersteinplatz Nummer acht gefunden.
Sie geht in das Haus und sieht sich dort um.
„Nicht einmal ein Fahrstuhl!" brummt sie. „Zu dumm."
Dann nimmt sie die vielen Treppen in Kauf
und steigt ins sechste Stockwerk hinauf.
Bei Kümmel läutet sie dreizehnmal,
denn dreizehn ist ihre Lieblingszahl.
Peter macht auf. „Du hast mich erschreckt",
sagt er lachend, „lieferst du heute direkt,
oder kommst du nur einfach so zu Besuch?"
Die Kuh fragt: „Du kennst mich?" – „Aus einem Buch,"
sagt Peter, „ich kann dir viel von dir sagen:
Du hast einen Lab-, einen Blättermagen,
einen Pansen. Das u ist dein Lieblingslaut,
und alles wird zweimal von dir gekaut.
Ach, zeig mir doch mal deine rauhe Zunge!"
Da brummt Isabell nur: „Junge, Junge!"
Und kehrt zum Bauern zurück und spricht:
„Was du uns erzählst, das stimmt gar nicht.
Peter Kümmel weiß mehr von einer Kuh
als ich und du."

Werner Heiligmann
Horst Janus
Helmut Länge

DER IGEL

Mit seinem Stachelkleid ist der Igel eine einmalige Erscheinung in der heimischen Tierwelt. Der ganze Rücken und die Flanken sind mit festen, spitzen Stacheln bestanden. Am Kopf und auf der Unterseite schließen sich borstige Haare an. Zum Schutz dieser Körperteile kann sich der Igel so einrollen, daß er eine Kugel bildet, die ringsum bestachelt ist. In dieser Stellung ist der Igel unangreifbar für seine Feinde, von denen vor allem Fuchs, Dachs, Iltis und Hunde zu nennen sind. Es muß ihnen schon gelingen, den Igel in geöffnetem Zustand zu überraschen oder die Stachelkugel zu überlisten. Dazu rollen sie ihn in eine Pfütze oder sonstwie ins Wasser, wo sich der Igel immer öffnet – und dann ist es um ihn geschehen.

Als Aufenthalt liebt der Igel kleine Gehölze mit Unterwuchs, Hecken, Waldränder und Gärten. Es zieht ihn oft in die Nähe menschlicher Siedlungen. Daß man ihn nicht häufiger zu sehen bekommt, liegt an seiner nächtlichen Lebensweise. Erst in der Dämmerung verläßt er sein Lager aus Laub und Gras, das er sich unter Gebüsch angelegt hat. Nur wenn es an Verstecken mangelt, gräbt er sich eine Höhlung. Er streift fast die ganze Nacht in seinem Revier umher und sucht Nahrung. Der Speisezettel des Igels ist sehr reichhaltig. Käfer, Heuschrecken, Grillen, Regenwürmer, Nacktschnecken, Frösche, Kröten, Eidechsen, Schlangen, Gelege und Nestjunge bodenbrütender Vögel, Jungmäuse – alles packt und zermalmt er mit seinem spitzen Insektenfressergebiß. Man kann nicht sagen, daß der Igel eine Beuteart besonders verfolgen würde. Er liebt auch süßes Fallobst. Mit dieser für den Menschen überwiegend nützlichen Ernährung hat der Igel völligen Schutz erlangt. Man darf sich lediglich in der Zeit vom 1. Oktober bis Ende Februar einen Igel einfangen, um ihn im eigenen Garten auszusetzen. Dieser strenge Schutz ist um so nötiger, als heute ungezählte Igel dem Straßenverkehr zum Opfer fallen.

Das Igelweibchen setzt im Jahr 1–2 Würfe mit durchschnittlich 5–7 Jungen. Diese werden mit einem weißen, weichen Jugendstachelkleid geboren, das nach einigen Wochen durch die gefärbten, harten Stacheln ersetzt wird. Die Igeljungen sind 14 Tage lang blind, entwickeln sich dann aber sehr schnell, so daß bald ganze Igelfamilien durchs Gelände ziehen. Im Herbst macht sich der Igel ein verstecktes, gegen Wetterunbilden geschütztes Winterlager zurecht, worin er einen Winterschlaf hält.

Von dem Igel der Hunger hatte

Josef Guggenmos

Die Stirn in Falten, trippelte der Igel dahin. So klein er war, so groß war sein Hunger.

Von Zeit zu Zeit hielt er inne und hob die Nase. Roch das nicht nach Apfel? Auf seine Nase konnte er sich verlassen. Aber da lag kein Apfel. So weit die kurzsichtigen Augen reichten, war nichts zu sehen als dieses merkwürdige, immer gleiche glatte Feld – und gar nichts darauf.

Keine Schnecke saß da und wollte sich fressen lassen. Keine Maus spitzte aus ihrem Loch, der man hätte zeigen können, wie flink ein so behäbiger Herr Igel auf einmal laufen kann. Und nicht ein einziges Blättchen kündigte irgendwo eine Wurzel an, die zur Not ein Loch im Magen gestopft hätte. So etwas war ihm noch nicht begegnet. Entweder es roch nach Apfel, und dann war da auch irgendwo ein Apfelbaum, unter dem es stets etwas zu finden gab, oder es roch nicht nach Apfel, und dann brauchte man sich auch nicht zu wundern, wenn man keine Äpfel fand.

Hier aber schwamm ein Apfelgeruch, wie er noch nie seine Nase gekitzelt hatte. Von allen Seiten zugleich schien er herzudringen. Das Wasser lief einem nur so im Munde zusammen – doch von Äpfeln war keine Spur!

Die vier kurzen Beine wurden müder und müder, der Hunger wurde größer und größer. Schließlich setzte sich der Igel nieder. Er konnte nicht mehr.

Ach, es war ein jämmerliches Ende, so Hungers zu sterben, den herrlichsten Apfelgeruch in der Nase! Mehr als ein Fuchs hatte sich schon seine Schnauze an ihm blutiggestoßen. Fünf furchtbare Kreuzottern, an die sich gar manches große und starke Tier nicht wagte, hatte er nach wildem Kampfe, den Kopf voran, aufgefressen. Und so ruhmlos mußte er nun zugrunde gehen!

Von dem Igel, der Hunger hatte

Bekümmert und erschöpft kugelte sich der Igel ein letztes Mal zusammen, sein Ende zu erwarten. Bei dieser Bewegung streifte seine Schnauze zufällig den Boden. Wie sich dieser seltsame Boden anfühlte . . . Und wie der roch!

Mit einem Satz stand er wieder auf den Beinen.

Der Boden selber roch nach Apfel! Und er fühlte sich genauso an wie eine Apfelschale!

Da hatte er also seinen Hunger auf einem riesigen Apfel herumgetragen, ja, es hätte nicht viel gefehlt, dann wäre er noch auf ihm verhungert! Es konnte nicht anders sein: Die Erde selber war zu einem einzigen Apfel geworden.

Wie das zugegangen sein mochte, wollte sich der Igel später einmal überlegen. Fürs erste hatte er nichts als Hunger. Denn wenn das ein Apfel war, dann mußte man auch hineinbeißen können! Und wirklich, es schmeckte, wie es gerochen hatte: wunderbar! Und nun tat der Igel, was jeder andere Igel an seiner Stelle auch getan hätte: Er begann zu fressen, entschlossen, so schnell nicht mehr aufzuhören. Ein einziges Mal regte sich sein Gewissen. Ja, ging es denn an, so mir nichts, dir nichts die Erde zu verspeisen? Ach was, nach diesem bösen Hunger wollte er sich jetzt satt fressen für den Rest seines Lebens!

Der Igel wußte nicht, wie es zugegangen war: Auf einmal war von dem Riesenapfel nur noch ein Rest übrig. Ach, einen Bissen noch! Und dann dachte der Igel nichts mehr in seinem kleinen Hirn, bis auch noch der letzte Bissen in seinem Magen verschwunden war. Da hatte er nun also die ganze zum Apfel gewordene Erde verzehrt. Worauf aber sollte er jetzt noch stehen? O Entsetzen, da hatte er etwas angerichtet! Der Igel sah unter sich einen tiefen, schwarzen Abgrund. Und schon begann er zu fallen, immer schneller, immer schneller – und erwachte aus seinem Winterschlaf. Vorsichtig rollte er sich auf. Ja, er lag noch in seinem laubgepolsterten Nest unter dem Reisighaufen, und ein wenig Frühlingssonne drang schon bis zu ihm herab. Nun hatte er also glücklich den langen, schlimmen Winter verschlafen, und von dem ganzen Traum war nichts wahr gewesen als sein Hunger.

Ächzend streckte der Igel der Reihe nach seine steifen Beine. Ja, das Schmerbäuchlein, das er sich im letzten Herbst angefressen hatte, war bedenklich zusammengeschrumpft. Aber da ein Würmchen und dort ein Käferchen fand er bestimmt auf seinem ersten Gang. Und dann kam der lange, schöne Sommer. Und dann kam wieder ein unfaßbar reicher Herbst. Ja, herrliche Monate lagen vor ihm. Es war doch gut, daß er nicht die ganze Erde aufgefressen hatte!

Eine Hamster-Geschichte

Gertrud Mielitz

KATZEN MÄUSE·AMSELN

Stell dir mal eine Katze vor, so ein liebes, weiches Kätzchen. Kannst du es dir vorstellen? Nun fängt diese liebe Katze am frühen Morgen eine Maus, eine niedliche Maus. Die frißt sie.

Dann legt sie sich auf den Balkon in die Sonne und schläft und schnurrt.

Alle Leute sagen: „Mäuse sind schädlich, denn sie fressen unsere Vorräte. Mäuse müssen gefangen werden. Die Katze ist ein nützliches Tier."

Am Abend klettert die Katze in den Baum zum Amselnest und frißt die Jungen, die noch nicht fliegen können.

Alle Leute sagen: „Die armen kleinen Vögel! Amseln singen so schön. Die Katze ist ein schlimmer Räuber!"

Aber im Sommer haben die Amseln den Kirschbaum leergefressen, und im Winter haben sie die kleineren Vögel vom Futterplatz weggehackt.

Sind Amseln böse? Sind Mäuse böse? Sind Katzen böse?

Tilde Michels

WIE ES MIT DEN KAULQUAPPEN GEHT

Samstags und sonntags sind wir oft auf dem Land. Da wohnen wir in einem Bauernhof. Er liegt auf einem Hügel und gehört dem Goribauern.

Wenn man den Hang hinunterläuft, ist man im Moor. Die Bauernkinder springen mit bloßen Füßen über den quatschigen Boden, aber mich piekt das zu sehr. Ich muß Gummistiefel anziehen.

Eigentlich gehe ich am liebsten allein ins Moor. Wenn so viele herumtoben, verkriechen sich die Frösche, und man kann überhaupt nichts richtig beobachten.

Am schönsten ist es im Frühjahr, wenn die Kaulquappen ausgeschlüpft sind. Die wimmeln in den Tümpeln herum. Wenn man mit beiden Händen Wasser schöpft, hat man gleich drei oder vier Stück gefangen. Das Wasser rinnt dann durch die Finger davon, und die Kaulquappen zappeln mit ihren Schwänzchen und den dicken Bäuchen in den nassen Händen.

In jedem Frühjahr gibt es unheimlich viele Kaulquappen im Moor. Mindestens eine Million. Wenn aus allen Kaulquappen der Erde Frösche würden, dann gäbe es bald nur noch Frösche auf der Welt.

Mein Vater hat gesagt, es muß von allem in der Natur so viel geben, weil sich die Tiere untereinander auffressen. Die Frösche werden oft schon aufgefressen, wenn sie noch Kaulquappen sind. Das habe ich selbst gesehen. Da gibt es eine Larve, aus der später die Libelle schlüpft. Die Larve lebt auch in den Moortümpeln. Sie ist ungeheuer gefräßig und sieht abscheulich aus: dunkelgrau und länger als mein Zeigefinger, aber viel dünner. Ihr hinteres Ende läuft ganz spitz zu. Am Kopf hat sie eine Zange, mit der zwackt sie. Mich hat mal eine in den Finger gezwackt; das hat gleich geblutet und furchtbar weh getan. Meine Mutter hat gesagt, ich soll nicht alles Viehzeug anfassen. Das muß man aber, sonst kann man ja nicht wissen, was so ein Tier macht. Wenn ich die Libellenlarve nicht angepackt hätte, wüßte ich nicht, wie toll sie zuschnappen kann.

Ich hab' auch gesehen, wie sie den Kaulquappen nachjagt. Sie schlägt ihre Zange in die Kaulquappenbäuche, daß der Saft herausquillt.

Neulich war meine Tante Gertrud mit uns auf dem Land. Ich hab' sie mit ins Moor genommen und ihr gezeigt, wie es die Libellenlarve macht. Tante Gertrud war aber entsetzt und hat fortgeguckt. Das wäre Mord, hat sie gesagt, und ich wäre zu jung, um mir so etwas anzuschauen. Und sie hat so getan, als sei das roh und grausam von mir. Das kann ich überhaupt nicht verstehn. Mein Vater hat gesagt, in der Natur gibt es keinen Mord.

Mir tun die Kaulquappen ja auch leid, aber was soll denn die Libellenlarve machen, wenn ihr eine Zange am Kopf festgewachsen ist?

Grabowski lebte unter der großen bunten Wiese am Stadtrand. An seinem weichen samtenen Fell, an seinen großen Grabekrallen und an seiner rosa Nase erkannte man, daß Grabowski ein Maulwurf war.

Am Tage arbeitete er sehr schwer. Er grub Gänge unter die Wiese und warf kleine Erdhügel auf. Dabei schafften seine Grabekrallen wie ein richtiger kleiner Bagger. „Hoppla", murmelte er, wenn er auf einen Stein stieß, und schubste ihn zur Seite.

Am Abend, wenn die Lichter in der nahen Stadt aufleuchteten, kroch Grabowski aus der Erde heraus, säuberte seine Grabekrallen und genoß den Frieden auf seiner Wiese. „Wie behaglich, wie geruhsam", dachte er dann.

Eigentlich gehörte die Wiese ja einem Bauern, der seine Kühe und seine Kälber darauf weiden ließ. Der Bauer ärgerte sich manchmal, wenn er die vielen Maulwurfhügel sah, und brummte: „Da macht einer mein schönes Weideland kaputt!", und dabei stampfte er den einen oder anderen Erdhügel wieder platt. Das war nicht weiter schlimm, man kann ja neue machen.

Aber die Krähen da drüben im Wald, die wollten ihn fangen, vor denen war er sehr auf der Hut. Da blieb er tagsüber lieber unter der Erde, wo er sicher war.

Eines Tages aber geschah etwas Schreckliches. Etwas, das den meisten Maulwürfen bisher unbekannt ist.

Es kamen fremde Männer auf die Wiese und begannen mit Meßinstrumenten das Land zu vermessen.

Dabei stieß einer einen Meßstab in Grabowskis Schlafhöhle. Der erschrak sehr und drückte sich ängstlich in die Ecke. Die Stange verschwand nach einer Weile wieder nach oben, und zurück blieb ein Loch, durch das man die Arbeit der Männer beobachten konnte. Sie liefen mit ihren Meßstangen hin und her und machten Notizen in ihre Mappen. Am Abend packten sie ihre Sachen wieder ein und fuhren mit dem Auto davon.

Aber fortan war keine Ruhe mehr auf der großen Wiese. Denn morgens, so gegen sechs, rissen heftige Stöße und großer Lärm Grabowski aus dem Schlaf. Ein Erdbeben, dachte er und hastete nach oben zum nächsten Höhlenausgang. Doch der war versperrt. Da stand sehr Schweres darauf. Grabowski stieß heftig mit seiner Nase dagegen. „Au", quiekte er erschrocken, „Auweh!"

Er versuchte einen neuen Ausgang zu graben, einen neuen Erdhaufen aufzuwerfen, von wo aus man alles überblicken kann. Doch das gelang nicht; denn die Erde war schwer und fest wie im Winter, wenn sie gefroren ist. An einer Stelle konnte er schließlich doch nach oben. Plötzlich griffen zwei gewaltige Grabekrallen, hundertmal größer als seine eigenen, nach ihm.

Voller Schrecken wühlte er sich wieder zurück unter die Erde, viel tiefer als sonst. Doch das Ungeheuer war bald wieder über ihm. Es packte ihn mit einem großen Klumpen Erde, und – nach einer kurzen Rundfahrt fiel er hoch durch die Luft auf den Boden. Auf seiner schönen Wiese standen Baumaschinen, Lastwagen und Betonmischer. Kräne wurden aufgestellt, und das Ungeheuer mit den schrecklichen Grabeschaufeln war ein großer Bagger, der tiefe Löcher in die Erde gegraben hatte; denn hier sollten Hochhäuser mit Tiefgaragen entstehen. Ein Arbeiter sah den Grabowski und wollte ihn fangen.

Der rettete sich gerade noch unter einen Stapel Bauholz, wo er zitternd vor Angst versteckt blieb, bis jemand „Feierabend" rief und alle Geräusche verstummten. Da wagte er einen Blick auf seine Wiese, aber die gab es nicht mehr. Es waren nur noch Baugruben, Gerüste und Kanäle. Auch die Lichter der Stadt waren nicht mehr zu sehen. Da wurde Grabowski sehr traurig, und er beschloß wegzuziehen, irgendwohin, wo es noch saftige Wiesen mit weicher, lockerer Erde gibt. Er wanderte mehrere Tage und Nächte, überquerte Eisenbahnschienen und gefährliche Straßen, bis er an eine riesengroße Wiese kam, mit leichter, duftender Erde darunter. Glücklich fing er an zu graben und warf übermütig mehrere Hügel auf, ganz knapp hintereinander.

Dann grub er sich eine neue Schlafhöhle, schleppte etwas trockenes Moos hinein und steckte seine Nase zwischen die Grabekrallen ins weiche Fell. „Wie behaglich, wie geruhsam", seufzte er noch zufrieden und fiel augenblicklich in einen tiefen, wonnigen Schlaf.

Brüder Grimm

Hänsel und Gretel

Vor einem großen Walde wohnte ein armer Holzhacker mit seiner Frau und seinen zwei Kindern; das Bübchen hieß Hänsel und das Mädchen Gretel. Er hatte wenig zu beißen und zu brechen, und einmal, als große Teuerung ins Land kam, konnte er auch das tägliche Brot nicht mehr schaffen. Wie er sich nun abends im Bette Gedanken machte und sich vor Sorgen herumwälzte, seufzte er und sprach zu seiner Frau: "Was soll aus uns werden? Wie können wir unsere armen Kinder ernähren, da wir für uns selbst nichts mehr haben?"

"Weißt du was, Mann," antwortete die Frau, "wir wollen morgen in aller Frühe die Kinder hinaus in den Wald führen, wo er am dicksten

Hänsel und Gretel

ist: da machen wir ihnen ein Feuer an und geben jedem noch ein Stückchen Brot, dann gehen wir an unsere Arbeit und lassen sie allein. Sie finden den Weg nicht wieder nach Hause, und wir sind sie los."

„Nein, Frau", sagte der Mann, „das tue ich nicht. Wie sollt ich's übers Herz bringen, meine Kinder im Walde allein zu lassen? Die wilden Tiere würden bald kommen und sie zerreißen."

„O du Narr", sagte sie, „dann müssen wir alle viere Hungers sterben, du kannst nur die Bretter für die Särge hobeln", und ließ ihm keine Ruhe, bis er einwilligte.

„Aber die armen Kinder dauern mich doch", sagte der Mann.

Die zwei Kinder hatten vor Hunger auch nicht einschlafen können und hatten gehört, was die Stiefmutter zum Vater gesagt hatte. Gretel weinte bittere Tränen und sprach zu Hänsel: „Nun ist's um uns geschehen." – „Still, Gretel", sprach Hänsel, „gräme dich nicht. Ich will uns schon helfen."

Und als die Alten eingeschlafen waren, stand er auf, zog sein Röcklein an, machte die Untertüre auf und schlich sich hinaus. Da schien der Mond ganz helle, und die weißen Kieselsteine, die vor dem Hause lagen, glänzten wie lauter Batzen. Hänsel bückte sich und steckte so viele in sein Rocktäschlein, als nur hinein wollten.

Dann ging er wieder zurück, sprach zu Gretel: „Sei getrost, liebes Schwesterchen, und schlaf nur ruhig ein. Gott wird uns nicht verlassen", und legte sich wieder in sein Bett.

Als der Tag anbrach, noch ehe die Sonne aufgegangen war, kam schon die Frau und weckte die beiden Kinder: „Steht auf, ihr Faulenzer, wir wollen in den Wald gehen und Holz holen." Dann gab sie jedem ein Stückchen Brot und sprach: „Da habt ihr etwas für den Mittag, aber eßt's nicht vorher auf, weiter kriegt ihr nichts." Gretel nahm das Brot unter die Schürze, weil Hänsel die Steine in der Tasche hatte. Danach machten sie sich alle zusammen auf den Weg nach dem Wald.

Als sie ein Weilchen gegangen waren, stand Hänsel still und guckte nach dem Haus zurück und tat das wieder und immer wieder.

Der Vater sprach: „Hänsel, was guckst du da und bleibst zurück? Hab acht und vergiß deine Beine nicht."

„Ach, Vater", sagte Hänsel, „ich sehe nach meinem weißen Kätzchen, das sitzt oben auf dem Dach und will mir Ade sagen."

Hänsel und Gretel

Die Frau sprach: „Narr, das ist dein Kätzchen nicht, das ist die Morgensonne, die auf den Schornstein scheint." Hänsel aber hatte nicht nach dem Kätzchen gesehen, sondern immer einen von den blanken Kieselsteinen aus seiner Tasche auf den Weg geworfen.

Als sie mitten in den Wald gekommen waren, sprach der Vater: „Nun sammelt Holz, ihr Kinder, ich will ein Feuer anmachen, damit ihr nicht friert." Hänsel und Gretel trugen Reisig zusammen, einen kleinen Berg hoch. Das Reisig ward angezündet, und als die Flamme recht hoch brannte, sagte die Frau: „Nun legt euch ans Feuer, ihr Kinder, und ruht euch aus. Wir gehen in den Wald und hauen Holz. Wenn wir fertig sind, kommen wir wieder und holen euch ab."

Hänsel und Gretel saßen am Feuer, und als der Mittag kam, aß jedes sein Stücklein Brot. Und weil sie die Schläge der Holzaxt hörten, so glaubten sie, der Vater wäre in der Nähe. Es war aber nicht die Holzaxt, es war ein Ast, den er an einen dünnen Baum gebunden hatte und den der Wind hin und her schlug. Und als sie so lange gesessen hatten, fielen ihnen die Augen vor Müdigkeit zu, und sie schliefen fest ein.

Als sie endlich erwachten, war es schon finstere Nacht. Gretel fing an zu weinen und sprach: „Wie sollen wir nun aus dem Wald kommen?" Hänsel aber tröstete sie: „Wart nur ein Weilchen, bis der Mond aufgegangen ist, dann wollen wir den Weg schon finden."

Und als der volle Mond aufgestiegen war, so nahm Hänsel sein Schwesterchen an der Hand und ging den Kieselsteinen nach, die schimmerten wie neu geschlagene Batzen und zeigten ihnen den Weg.

Sie gingen die ganze Nacht hindurch und kamen bei anbrechendem Tag wieder zu ihres Vaters Haus. Sie klopften an die Türe, und als die Frau aufmachte und sah, daß es Hänsel und Gretel waren, sprach sie: „Ihr bösen Kinder, was habt ihr so lange im Walde geschlafen, wir haben geglaubt, ihr wolltet gar nicht wiederkommen." Der Vater aber freute sich, denn es war ihm zu Herzen gegangen, daß er sie so allein zurückgelassen hatte.

Nicht lange danach war wieder Not in allen Ecken, und die Kinder hörten, wie die Mutter nachts im Bette zu dem Vater sprach: „Alles ist wieder aufgezehrt, wir haben noch einen halben Laib Brot, her-

Hänsel und Gretel

nach hat das Lied ein Ende. Die Kinder müssen fort, wir wollen sie tiefer in den Wald hineinführen, damit sie den Weg nicht wieder heraus finden; es ist sonst keine Rettung für uns."

Dem Mann fiel's schwer aufs Herz, und er dachte: Es wäre besser, daß du den letzten Bissen mit deinen Kindern teiltest. Aber die Frau hörte auf nichts, was er sagte, schalt ihn und machte ihm Vorwürfe. Wer A sagt, muß auch B sagen, und weil er das erste Mal nachgegeben hatte, so mußte er es auch zum zweitenmal.

Die Kinder waren aber noch wach gewesen und hatten das Gespräch mit angehört. Als die Alten schliefen, stand Hänsel wieder auf. Er wollte hinaus und Kieselsteine auflesen, wie das vorige Mal. Aber die Frau hatte die Tür verschlossen, und Hänsel konnte nicht heraus. Aber er tröstete sein Schwesterchen und sprach: "Weine nicht, Gretel, und schlaf nur ruhig, der Liebe Gott wird uns schon helfen."

Am frühen Morgen kam die Frau und holte die Kinder aus dem Bette. Sie erhielten ihr Stückchen Brot, das war aber noch kleiner als das vorige Mal. Auf dem Wege nach dem Wald bröckelte es Hänsel in der Tasche, stand oft still und warf ein Bröcklein auf die Erde.

"Hänsel, was stehst du und guckst dich um", sagte der Vater, "geh deiner Wege." — "Ich sehe nach meinem Täubchen, das sitzt auf dem Dache und will mir Ade sagen", antwortete Hänsel. "Narr", sagte die Frau, "das ist dein Täubchen nicht, das ist die Morgensonne, die auf den Schornstein oben scheint." Hänsel aber warf nach und nach alle Bröcklein auf den Weg.

Die Frau führte die Kinder noch tiefer in den Wald, wo sie ihr Lebtag noch nicht gewesen waren. Da ward wieder ein großes Feuer angemacht, und die Mutter sagte: "Bleibt nur da sitzen, ihr Kinder, und wenn ihr müde seid, könnt ihr ein wenig schlafen. Wir gehen in den Wald und hauen Holz, und abends, wenn wir fertig sind, kommen wir und holen euch ab."

Als es Mittag war, teilte Gretel ihr Brot mit Hänsel, der sein Stück auf den Weg gestreut hatte. Dann schliefen sie ein, und der Abend verging, aber niemand kam zu den armen Kindern. Sie erwachten erst in der finstern Nacht, und Hänsel tröstete sein Schwesterchen und sagte: "Wart nur, Gretel, bis der Mond aufgeht. Dann werden wir die Brotbröcklein sehen, die ich ausgestreut habe. Die zeigen uns den Weg nach Haus."

Hänsel und Gretel

Als der Mond kam, machten sie sich auf, aber sie fanden kein Bröcklein mehr, denn die vieltausend Vögel, die im Walde und im Felde umherfliegen, die hatten sie weggepickt. Hänsel sagte zu Gretel: „Wir werden den Weg schon finden." Aber sie fanden ihn nicht. Sie gingen die ganze Nacht und noch einen Tag von Morgen bis Abend. Aber sie kamen aus dem Wald nicht heraus und waren so hungrig, denn sie hatten nichts als die paar Beeren, die auf der Erde standen. Und weil sie so müde waren, daß die Beine sie nicht mehr tragen wollten, legten sie sich unter einen Baum und schliefen ein.

Nun war's schon der dritte Morgen, daß sie ihres Vaters Haus verlassen hatten. Sie fingen wieder an zu gehen, aber sie gerieten immer tiefer in den Wald, und wenn nicht bald Hilfe kam, mußten sie verschmachten.

Als es Mittag war, sahen sie ein schönes schneeweißes Vöglein auf einem Ast sitzen, das sang so schön, daß sie stehenblieben und ihm zuhörten. Und als es fertig war, schwang es seine Flügel und flog vor ihnen her. Sie gingen ihm nach, bis sie zu einem Häuschen gelangten, auf dessen Dach es sich setzte. Und als sie ganz nah herankamen, sahen sie, daß das Häuslein aus Brot gebaut war und mit Kuchen gedeckt; aber die Fenster waren von hellem Zucker.

„Da wollen wir uns dran machen", sprach Hänsel, „und eine gesegnete Mahlzeit halten. Ich will ein Stückchen vom Dach essen. Gretel, du kannst vom Fenster essen, das schmeckt süß." Hänsel reichte in die Höhe und brach sich ein wenig vom Dach ab, um zu versuchen, wie es schmeckte, und Gretel stellte sich an die Scheiben und knusperte daran.

Da rief eine feine Stimme aus der Stube heraus: **„Knusper, knusper, kneuschen, Wer knuspert an meinem Häuschen?"**

Die Kinder antworteten: **„Der Wind, der Wind, Das himmlische Kind",**

und aßen weiter, ohne sich irre machen zu lassen.

Hänsel, dem das Dach sehr gut schmeckte, riß sich ein großes Stück davon herunter, und Gretel stieß eine ganze runde Fensterscheibe heraus, setzte sich nieder und tat sich wohl damit.

Da ging auf einmal die Türe auf, und eine steinalte Frau, die sich auf eine Krücke stützte, kam herausgeschlichen. Hänsel und Gretel

Hänsel und Gretel

erschraken so gewaltig, daß sie fallen ließen, was sie in den Händen hielten. Die Alte aber wackelte mit dem Kopfe und sprach: „Ei, ihr lieben Kinder, wer hat euch hierher gebracht? Kommt nur herein und bleibt bei mir, es geschieht euch kein Leid."

Sie faßte beide an der Hand und führte sie in ihr Häuschen. Da ward gutes Essen aufgetragen, Milch und Pfannekuchen mit Zucker, Äpfel und Nüsse. Hernach wurden zwei schöne Bettlein weiß gedeckt, und Hänsel und Gretel legten sich hinein und meinten, sie wären im Himmel.

Die Alte hatte sich nur so freundlich angestellt. Sie war aber eine böse Hexe, die den Kindern auflauerte, und hatte das Brothäuslein bloß gebaut, um sie herbeizulocken. Wenn eins in ihre Gewalt kam, so machte sie es tot, kochte es und aß es, und das war ihr ein Festtag.

Die Hexen haben rote Augen und können nicht weit sehen, aber sie haben eine feine Witterung wie die Tiere und merken's, wenn Menschen herankommen. Als Hänsel und Gretel in ihre Nähe kamen, da lachte sie boshaft und sprach höhnisch: „Die habe ich, die sollen mir nicht wieder entwischen."

Frühmorgens, ehe die Kinder erwacht waren, stand sie schon auf. Und als sie beide so lieblich ruhen sah, mit den vollen roten Backen, murmelte sie vor sich hin: „Das wird ein guter Bissen werden."

Da packte sie Hänsel mit ihrer dürren Hand und trug ihn in einen kleinen Stall und sperrte ihn ein. Er mochte schreien, wie er wollte, es half ihm nichts. Dann ging sie zur Gretel, rüttelte sie wach und rief: „Steh auf, Faulenzerin, trag Wasser und koch deinem Bruder etwas Gutes! Der sitzt draußen im Stall und soll fett werden. Wenn er fett ist, so will ich ihn essen." Gretel fing an, bitterlich zu weinen. Aber es war alles vergeblich, sie mußte tun, was die böse Hexe verlangte.

Nun ward dem armen Hänsel das beste Essen gekocht, aber Gretel bekam nichts als Krebsschalen. Jeden Morgen schlich die Alte zu dem Ställchen und rief: „Hänsel, streck deine Finger heraus, damit ich fühle, ob du bald fett bist."

Hänsel streckte ihr aber ein Knöchlein heraus, und die Alte, die trübe Augen hatte, konnte es nicht sehen. Sie meinte, es wären Hänsels Finger, und verwunderte sich, daß er gar nicht fett werden wollte.

Hänsel und Gretel

Als vier Wochen herum waren und Hänsel immer mager blieb, da wollte sie nicht länger warten. „Heda, Gretel", rief sie dem Mädchen zu, „sei flink und trag Wasser: Hänsel mag fett oder mager sein, morgen will ich ihn schlachten und kochen."

Ach, wie jammerte das arme Schwesterchen, als es das Wasser tragen mußte, und wie flossen ihm die Tränen über die Backen herunter! „Lieber Gott, hilf uns doch", rief sie aus, „hätten uns nur die wilden Tiere im Wald gefressen, so wären wir doch zusammen gestorben."

„Spar nur dein Geplärre", sagte die Alte, „es hilft dir alles nichts."

Frühmorgens mußte Gretel heraus, den Kessel mit Wasser aufhängen und Feuer anzünden. „Erst wollen wir backen", sagte die Alte, „ich habe den Backofen schon angeheizt und den Teig geknetet." Sie stieß das arme Gretel hinaus zu dem Backofen, aus dem die Feuerflammen schon herausschlugen.

„Kriech hinein", sagte die Hexe, „und sieh zu, ob recht eingeheizt ist, damit wir das Brot hineinschieben können." Und wenn Gretel darin war, wollte sie den Ofen zumachen, und Gretel sollte darin braten.

Aber Gretel merkte, was sie im Sinn hatte, und sprach: „Ich weiß nicht, wie ich's machen soll. Wie komm ich da hinein?"

„Dumme Gans", sagte die Alte, „die Öffnung ist groß genug! Siehst du wohl, ich könnte selbst hinein." Sie krabbelte heran und steckte den Kopf in den Backofen.

Da gab ihr Gretel einen Stoß, daß sie weit hineinfuhr, machte die eiserne Tür zu und schob den Riegel vor. Hu! da fing sie an zu heulen, ganz grauselig. Aber Gretel lief fort, und die gottlose Hexe mußte elendiglich verbrennen.

Gretel aber lief schnurstracks zum Hänsel, öffnete sein Ställchen und rief: „Hänsel, wir sind erlöst, die alte Hexe ist tot!"

Da sprang Hänsel heraus, wie ein Vogel aus dem Käfig, wenn ihm die Türe aufgemacht wird. Wie haben sie sich gefreut, sind sich um den Hals gefallen, sind herumgesprungen und haben sich geküßt! Und weil sie sich nicht mehr zu fürchten brauchten, so gingen sie in das Haus der Hexe hinein. Da standen in allen Ecken Kästen mit Perlen und Edelsteinen. „Die sind noch besser als Kieselsteine", sagte Hänsel und steckte in seine Taschen, was hinein wollte. Und Gretel sagte: „Ich will auch etwas mit nach Haus bringen", und füllte sich sein Schürzchen voll. – „Aber jetzt wollen wir fort", sagte Hänsel, „damit wir aus dem Hexenwald herauskommen."

Als sie aber ein paar Stunden gegangen waren, gelangten sie an ein großes Wasser. „Wir können nicht hinüber", sprach Hänsel, „ich seh keinen Steg und keine Brücke." – „Hier fährt auch kein Schiffchen", antwortete Gretel, „aber da schwimmt eine weiße Ente, wenn ich die bitte, so hilft sie uns hinüber." Da rief sie:

„Entchen, Entchen,
Da steht Gretel und Hänsel.
Kein Steg und keine Brücke,
Nimm uns auf deinen weißen Rücken."

Das Entchen kam auch heran, und Hänsel setzte sich auf und bat sein Schwesterchen, sich zu ihm zu setzen. „Nein", antwortete Gretel, „es wird dem Entchen zu schwer, es soll uns nacheinander hinüberbringen." Das tat das gute Tierchen, und als sie glücklich drüben waren und ein Weilchen fortgingen, da kam ihnen der Wald immer bekannter und immer bekannter vor.

Endlich erblickten sie von weitem ihres Vaters Haus. Da fingen sie an zu laufen, stürzten in die Stube hinein und fielen ihrem Vater um den Hals. Der Mann hatte keine frohe Stunde gehabt, seitdem er die Kinder im Walde gelassen hatte, die Frau aber war gestorben. Gretel schüttelte sein Schürzchen aus, daß die Perlen und Edelsteine in der Stube herumsprangen, und Hänsel warf eine Handvoll nach der andern aus seiner Tasche dazu. Da hatten alle Sorgen ein Ende, und sie lebten in lauter Freude zusammen.

Paul Maar

DIE GESCHICHTE vom bösen Hänsel, der bösen Gretel und der Hexe

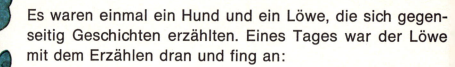

Es waren einmal ein Hund und ein Löwe, die sich gegenseitig Geschichten erzählten. Eines Tages war der Löwe mit dem Erzählen dran und fing an:

Es war einmal eine alte Hexe, die hatte ihr ganzes Leben lang gearbeitet, hatte gezaubert vom frühen Morgen bis zum späten Abend, hatte gehext und Zaubersprüche aufgesagt jeden Tag und war nun in das Alter gekommen, wo ihre Zauberkraft nachließ und ihre Kräfte langsam schwanden.

Sie wurde aber nicht böse und giftig darüber wie manche andere Hexen, wenn sie so alt werden, sondern sagte sich: „Mit meiner Zauberkraft geht es zu Ende. Da will ich mir eine andere Beschäftigung suchen, damit ich nicht faulenzen muß und auf trübe Gedanken komme. Ich werde mein Haus zum schönsten Hexenhaus weit und breit machen!"

Und schon am nächsten Tag begann sie, ihr Häuschen aufs wunderlichste zu schmücken. Auf die Dachziegel legte sie Lebkuchen, die Wände verkleidete sie mit Brot und Kuchen, verziert mit Mandeln und Nüssen, ihre Glasfenster hängte sie aus und hängte neue ein, ganz aus weißem Zucker.

Das dauerte viele Wochen; jeden Tag mußte die alte Frau in der Küche stehen und backen. Aber sie arbeitete unermüdlich, und endlich war das Häuschen fertig.

Da war die Hexe stolz auf ihr Haus! Jeden Abend saß sie auf der Bank neben der Haustür, betrachtete die bunten Mauern, hexte mit ihrer versiegenden Zauberkraft mühsam noch einen roten Zuckerguß auf einen Kuchen oder verzierte einen Lebkuchen mit einer Nuß, wischte Staub und rieb die Zuckerscheiben glänzend.

Und wenn irgendein Tier an ihrem Haus vorbeikam, staunend stehenblieb und schließlich sagte: „*So ein schönes Haus habe ich noch nie gesehen*", wurde sie grün vor Stolz.

Eines Tages stand die Hexe gerade vor ihrem Backofen und wollte einen Lebkuchen backen, weil der Wind in der Nacht einen vom Dach geweht hatte. Da war es ihr, als knuspere draußen jemand an ihrem schönen Haus und breche ganze Stücke ab. Ängstlich rief sie:

„Knusper knusper, kneuschen.
Wer knuspert an meinem Häuschen?"

Von draußen antwortete ein dünnes Stimmchen:

„Der Wind, der Wind,
das himmlische Kind!"

„Da bin ich beruhigt", seufzte die Hexe erleichtert. „Es ist nur der Wind, der da draußen lärmt. Und ich hatte schon Angst, jemand wolle mein Häuschen zerstören."

Wie sie das gerade sagte, zersprang ihre schönste Fensterscheibe, an der sie drei Wochen gearbeitet hatte, ein Mädchen griff nach den Splittern und aß sie auf! Mühsam humpelte die Hexe nach draußen, um zu sehen, wer der Störenfried sei.

Vor dem Haus standen zwei Kinder, das Mädchen und außerdem ein Junge, rissen die Dachziegel herunter, um sie aufzuessen, zerbrachen die Wand und zersplitterten die weißen Zuckerfenster.

Da war die Hexe traurig und wütend zugleich.

„Wer seid ihr?" fragte sie. „Und warum zerstört ihr mein liebes Haus, an dem ich so lange gebaut habe?"

Die Kinder antworteten, sie hießen Hänsel und Gretel und hätten aus Hunger von dem Haus gegessen.

„Warum habt ihr aber gelogen und gesagt, ihr wäret der Wind?" forschte die Alte weiter. „Hättet ihr an meine Tür geklopft und um Essen gebeten, so hätte ich es euch nicht verwehrt!"

Da blickten die beiden Kinder beschämt zu Boden.

Aber weil sie der alten Hexe trotz allem leid taten, sagte sie: „Kommt nur herein und bleibt bei mir, es geschieht euch kein Leid!" Und sie faßte beide an der Hand und führte sie in ihr Häuschen. Da ward gutes Essen aufgetragen, Milch und Pfannkuchen mit Zucker und Äpfel und Nüsse. Hernach wurden zwei schöne Bettlein weiß gedeckt, und Hänsel und Gretel legten sich hinein und meinten, sie wären im Himmel. Als sie so friedlich schliefen, betrachtete die Hexe sie und sagte: „Sie waren sehr böse zu mir, haben gelogen und mein schönes Häuslein zerstört. Aber vielleicht sind sie nicht ganz verderbt. Ich will sie dabehalten, ihnen zu essen geben und versuchen, sie zu bessern."

Am nächsten Morgen gab sie den beiden eine leichte Arbeit zu tun und rührte dann einen Teig an, denn sie wollte den Schaden an ihrem Haus wieder ausbessern. Aber Hänsel, der naschhaft war und dem die süßen Lebkuchen auf dem Dach besser schienen als das Frühstück auf dem Tisch, ging hinaus und begann leise vom Haus zu essen.

Als das die Hexe merkte, wurde sie sehr zornig. „Ich habe dich nicht bestraft für deine Lügen und deine bösen Taten, sondern dir und deiner Schwester sogar zu essen und ein Bett zum Schlafen gegeben!" schalt sie. „Und du ungezogenes Kind lohnst es mir, indem du den Schaden an meinem Haus noch ärger machst!" Und zur Strafe und damit er nicht noch mehr Unheil anrichten konnte, sperrte sie ihn in einen Stall neben dem Haus.

Damit er es aber gut hatte in seinem Gefängnis und nicht zu hungern brauchte, fragte sie ihn oft durch das Gitter: „Bist du auch satt, bekommst du genügend zu essen? Streck deinen Finger heraus!"

Hänsel hatte sehr viel zu essen bekommen, aber da er sehr gefräßig war, täuschte er die alte Frau, die schon nicht mehr richtig sehen konnte, durch eine arge List, um noch mehr zu erhalten: Er streckte ein abge-

nagtes Knöchlein durch das Gitter und sagte mit kläglicher Stimme: „Meine Schwester gibt mir zu wenig Mahlzeiten, ich bin schon ganz mager."

Die Alte betastete das Knöchlein und sagte: „Fürwahr, er ist ganz mager! Gretel, er muß mehr zu essen bekommen!"

Die Gretel aber, die ein faules Mädchen war, maulte und sagte, sie könne nicht kochen.

„Dann mußt du eben backen!" rief die Hexe und heizte den Backofen an, um für den Hänsel eigens ein großes Brot zu backen. Als sie aber das Feuer angeschürt hatte und gerade nachsehen wollte, ob recht eingeheizt sei, da gab ihr die arglistige Gretel von hinten einen Stoß, daß die Hexe weit hineinfuhr, machte die eiserne Tür zu, schob den Riegel vor, und die arme Alte mußte elendig verbrennen.

Dann befreite das böse Mädchen ihren Hänsel aus dem Stall, wo er seine Strafe absitzen sollte, und sie durchwühlten gemeinsam das ganze Hexenhaus.

In einer Ecke hatte die Hexe eine Kiste mit Perlen und Edelsteinen stehen, die ein Erbstück von ihrem Vater war, einem großen Hexenmeister. Die raubten die beiden Kinder, stopften sich die Taschen voll mit Schmuck und Geschmeide und liefen schnell aus dem Wald.

„Und weißt du, was sie hinterher den Leuten erzählten?" fragte der Löwe den Hund.

„Was denn?" fragte der mit großen Augen.

„Sie haben doch wahrhaftig behauptet, die Hexe hätte sie aufessen wollen! Diese bösen Kinder!"

„Ich muß sagen", entgegnete der Hund, „ich habe die Geschichte nicht so erzählt bekommen. Da hörte sich alles ganz anders an, obwohl eigentlich das gleiche geschah!"

„Aha!" machte der Löwe. „Da sieht man es wieder: Die Leute glauben viel lieber die Unwahrheit als die Wahrheit und erzählen dann ohne schlechtes Gewissen die Lügengeschichten weiter! Denn die Geschichte hat sich so zugetragen, wie ich sie dir mitgeteilt habe, das weiß ich von jener Hexe, die sie mir anvertraut hat."

„Wenn das so ist", überlegte der Hund, „dann möchte ich gerne einmal ‚Rotkäppchen' von einem Wolf erzählt bekommen!"

Brüder Grimm
Der Froschkönig

In den alten Zeiten, wo das Wünschen noch geholfen hat, lebte ein König, dessen Töchter waren alle schön. Aber die jüngste war so schön, daß die Sonne selber, die doch so vieles gesehen hat, sich verwunderte, so oft sie ihr ins Gesicht schien. Nahe bei dem Schlosse des Königs lag ein großer, dunkler Wald, und in dem Walde unter einer alten Linde war ein Brunnen: Wenn nun der Tag sehr heiß war, so ging das Königskind hinaus in den Wald und setzte sich an den Rand des kühlen Brunnens; und wenn sie Langeweile hatte, so nahm sie eine goldene Kugel, warf sie in die Höhe und fing sie wieder; und das war ihr liebstes Spielwerk.

Nun trug es sich einmal zu, daß die goldene Kugel der Königstochter nicht in ihr Händchen fiel, das sie in die Höhe gehalten hatte, sondern vorbei auf die Erde schlug und geradezu ins Wasser hineinrollte. Die Königstochter folgte ihr mit den Augen nach, aber die Kugel verschwand, und der Brunnen war tief, so tief, daß man keinen Grund sah. Da fing sie an zu weinen und weinte immer lauter und konnte sich gar nicht trösten.

Und wie sie so klagte, rief ihr jemand zu: „Was hast du vor, Königstochter, du schreist ja, daß sich ein Stein erbarmen möchte." Sie sah sich um, woher die Stimme käme, da erblickte sie einen Frosch, der seinen dicken häßlichen Kopf aus dem Wasser streckte.

„Ach, du bist's, alter Wasserpatscher", sagte sie, „ich weine über meine goldene Kugel, die mir in den Brunnen hinabgefallen ist." – „Sei still und weine nicht", antwortete der Frosch, „ich kann wohl Rat schaffen, aber was gibst du mir, wenn ich dein Spielwerk wieder heraufhole?"

„Was du haben willst, lieber Frosch", sagte sie, „meine Kleider, meine Perlen und Edelsteine, auch noch die goldene Krone, die ich trage." Der Frosch antwortete: „Deine Kleider, deine Perlen und Edelsteine und deine goldene Krone, die mag ich nicht. Aber wenn du mich lieb haben willst, und ich soll dein Geselle und Spielkamerad sein, an deinem Tischlein neben dir sitzen, von deinem goldenen Tellerlein essen, aus deinem Becherlein trinken, in deinem Bettlein schlafen: wenn du mir das versprichst, so will ich hinuntersteigen und dir die goldene Kugel wieder heraufholen."

„Ach ja", sagte sie, „ich verspreche dir alles, was du willst, wenn du mir nur die Kugel wiederbringst." Sie dachte aber: Was der einfältige Frosch schwätzt! Der sitzt im Wasser bei seinesgleichen und quakt und kann keines Menschen Geselle sein.

Der Frosch, als er die Zusage erhalten hatte, tauchte seinen Kopf unter, sank hinab, und über ein Weilchen kam er wieder heraufgerudert. Er hatte die Kugel im Maul und warf sie ins Gras. Die Königstochter war voll Freude, als sie ihr schönes Spielwerk wieder erblickte, hob es auf und sprang damit fort.

„Warte, warte", rief der Frosch, „nimm mich mit, ich kann nicht so laufen wie du." Aber was half es ihm, daß er ihr sein „Quak Quak" so laut nachschrie als er konnte! Sie hörte nicht darauf, eilte nach Hause und hatte bald den armen Frosch vergessen, der wieder in seinen Brunnen hinabsteigen mußte.

Am andern Tage, als sie mit dem König und allen Hofleuten sich zur Tafel gesetzt hatte und von ihrem goldenen Tellerlein aß, da kam, plitsch platsch, plitsch platsch, etwas die Marmortreppe heraufgekrochen, und als es oben angelangt war, klopfte es an der Tür und rief: „Königstochter, jüngste, mach mir auf." Sie lief und wollte sehen, wer draußen wäre, als sie aber aufmachte, so saß der Frosch davor. Da warf sie die Tür hastig zu, setzte sich wieder an den Tisch, und war ihr ganz angst.

Der König sah wohl, daß ihr das Herz gewaltig klopfte, und sprach: „Mein Kind, was fürchtest du dich, steht etwa ein Riese vor der Tür und will dich holen?"

„Ach nein", antwortete sie, „es ist kein Riese, sondern ein garstiger Frosch." – „Was will der Frosch von dir?"

„Ach lieber Vater, als ich gestern im Wald bei dem Brunnen saß und spielte, da fiel meine goldene Kugel ins Wasser. Und weil ich so weinte, hat sie der Frosch wieder heraufgeholt. Und weil er es durchaus verlangte, so versprach ich ihm, er sollte mein Geselle werden. Ich dachte aber nimmermehr, daß er aus seinem Wasser heraus könnte. Nun ist er draußen und will zu mir herein."
Indem klopfte es zum zweitenmal und rief:

> „Königstochter, jüngste,
> Mach mir auf!
> Weißt du nicht, was gestern
> Du zu mir gesagt
> Bei dem kühlen Brunnenwasser?
> Königstochter, jüngste,
> Mach mir auf!"

Da sagte der König: „Was du versprochen hast, das mußt du auch halten. Geh nur und mach ihm auf." Sie ging und öffnete die Türe, da hüpfte der Frosch herein, ihr immer auf dem Fuße nach, bis zu ihrem Stuhl. Da saß er und rief: „Heb mich herauf zu dir!" Sie zauderte, bis es endlich der König befahl.

Als der Frosch erst auf dem Stuhl war, wollte er auf den Tisch, und als er da saß, sprach er: „Nun schieb mir dein goldenes Tellerlein näher, damit wir zusammen essen." Das tat sie zwar, aber man sah wohl, daß sie's nicht gerne tat. Der Frosch ließ sich's gutschmecken, aber ihr blieb fast jedes Bißlein im Halse. Endlich sprach er: „Ich habe mich satt gegessen und bin müde, nun trag mich in dein Kämmerlein und mach dein seiden Bettlein zurecht, da wollen wir uns schlafen legen."

Die Königstochter fing an zu weinen und fürchtete sich vor dem kalten Frosch, den sie sich nicht anzurühren getraute und der nun in ihrem schönen reinen Bettlein schlafen sollte. Der König aber ward zornig und sprach: „Wer dir geholfen hat, als du in der Not warst, den sollst du hernach nicht verachten."

Da packte sie ihn mit zwei Fingern, trug ihn hinauf und setzte ihn in eine Ecke. Als sie aber im Bette lag, kam er gekrochen und sprach: „Ich bin müde, ich will schlafen so gut wie du. Heb mich herauf, oder ich sag's deinem Vater!" Da ward sie erst bitterböse, holte ihn herauf und warf ihn aus allen Kräften wider die Wand: „Nun wirst du Ruhe haben, du garstiger Frosch!"

Als er aber herabfiel, war er kein Frosch, sondern ein Königssohn mit schönen, freundlichen Augen. Der war nun nach ihres Vaters Willen ihr lieber Geselle und Gemahl. Da erzählte er ihr, er wäre von einer bösen Hexe verwünscht worden, und niemand hätte ihn aus dem Brunnen erlösen können als sie allein, und morgen wollten sie zusammen in sein Reich gehen.

Janosch

DER FROSCH KÖNIG

Es war einmal ein schöner, grüner Froschkönig, dessen Reich in einem kleinen Teich im Wald war. Jeden Tag schwamm er an eine Stelle, wo das Wasser einen Meter sechsundsiebzig tief war, und spielte mit einer goldenen Luftkugel. Er ließ sie aufsteigen, schwamm ihr schnell nach, fing sie noch in letzter Sekunde auf, bevor sie die Wasseroberfläche erreicht hatte, und war bald so geschickt, daß er sie noch einen Zehntel Millimeter unter der Oberfläche erwischen konnte.

Das war sein liebstes Spiel. Und einmal – er hatte an diesem Tag wohl schlecht geschlafen, war etwas nervös, auch blendete ihn die Sonne – griff er daneben, und die goldene Luftkugel entwischte ihm, flog hinaus und ging ihm verloren.

Der Froschkönig erschrak, denn draußen auf dem Land war er nicht gut zu Fuß, und wo sollte er lange suchen? Möglicherweise flog die goldene Luftkugel auch in der Luft herum? Ein Frosch ist kein Vogel, wie hätte er sie fangen können?

Da fing er jämmerlich an zu weinen und zu quaken: „Was ist das für Unglück! Ach, du lieber Wassermann, was soll ich nur machen? Ich gäbe alles dafür, hätte ich die goldene Luftkugel nur wieder."

Da steckte ein Mädchen ihren Kopf durch das Schilf und sagte: „Was jammerst du, Frosch?"

„Da soll ich nicht jammern", sagte der Froschkönig. „Ich habe meine schöne, goldene Luftkugel verloren. Sie muß dort oben irgendwo in der Luft schweben."

Der schöne, grüne Frosch gefiel dem Mädchen aber sehr gut, und sie verliebte sich in ihn und sagte: „Wenn du mich heiratest, fang' ich dir die goldene Luftkugel."

Das Mädchen freilich gefiel dem Froschkönig überhaupt nicht, denn sie war nicht besonders schön. Sie hatte zu kurze Beine, war auch etwas zu dick, und ihre Haare waren wie Stroh. Aber in seiner Not und weil er an der goldenen

103

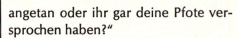

Luftkugel hing, dachte er: „Was redet sie da für dummes Zeug? Sie kann erstens gar nicht tauchen und vielleicht auch nicht schwimmen, außerdem ist sie doch ein Landmensch. Was will sie hier unten im Wasser?"

Dann sagte er: „Ja, ist gut. Aber bring mir schnell meine goldene Luftkugel!"

Das Mädchen fing ihm die Kugel, aber kaum hatte er sie, tauchte er unter und verschwand.

Und kaum war er unter Wasser, vergaß er auch das Mädchen, aber sie rief ihm nach: „Warte! Warte doch auf mich, mein lieber Mann! Hast du mir nicht die Ehe versprochen?"

Sie zog sich das Kleid nicht erst lange aus und sprang ins Wasser.

Unten saß der Froschkönig in seinem Wasserschloß beim Essen, als es an die Tür klopfte und jemand rief: „Mach mir auf, Froschkönig! Laß mich herein, hier bin ich, deine liebe Frau!"

Der Froschkönig stellte sich taub, aß weiter, und sie rief wieder: „Froschkönig, mein Liebster! Mach doch endlich auf, hier bin ich, Suse, deine Frau!"

Da sagte der alte Vater des Froschkönigs, der als weise und gerecht galt und von allen Wassertieren sehr geehrt wurde: „Was ist das für ein Lärm, mein Sohn?"

„Ach", sagte der schöne, grüne Froschkönig, „das ist so ein kümmerliches Mädchen, Beine zu kurz, Hintern zu dick, von oben bis unten keine Schönheit, die will mich heiraten. Aber sie gefällt mir nicht."

„Wie kommt sie dazu?" fragte der alte Froschkönigsvater. „Du wirst ihr doch nichts angetan oder ihr gar deine Pfote versprochen haben?"

Der schöne, grüne Froschkönig war etwas verlegen und sagte: „Nein, ja, ich meine – ich habe, nein – das heißt, das war so . . ."

„Also, mit der Sprache heraus", sagte der alte Froschkönigsvater, „ich sehe schon, du hast ihr den Kopf verdreht. Geh hinaus und hole sie herein!"

Und vor der Tür rief das Mädchen:

> **„Froschkönig, mein Liebster,
> laß mich 'rein!
> Weißt du nicht mehr, was du mir oben
> im Schilf versprochen hast?
> Froschkönig, Liebster,
> laß mich doch endlich herein."**

Als der schöne, grüne Froschkönig die Tür aufmachte und sie hereinkam und ihn so sah in seiner schönen, grünen Farbe, die hier unten im Wasser in seinem Schloß noch viel, viel schöner war, verliebte sie sich noch mehr in ihn und wurde ganz verrückt davon. Sie setzte sich neben ihn an den Tisch und aß von seinem goldenen Teller.

Es gab Fliegen und Mückensalat, aber sie aß mit so viel Appetit, als wären es gezuckerte Himbeeren. Die Liebe macht wohl blind und taub und verwirrt die Sinne. Dann trank sie aus seinem goldenen Becher, aber es war wieder nichts anderes drin als Wasser aus dem Teich, doch es schmeckte ihr wie Honigmilch.

„Komm, mein lieber Mann", sagte das Mädchen, „ich bin ja sooo müde."

Der schöne, grüne Froschkönig erschrak, wenn er daran dachte, daß er neben dem kümmerlichen Mädchen liegen sollte. Aber weil sein gerechter alter Vater ihn so streng anschaute, nahm er das Mädchen bei der Hand und schwamm mit ihr in sein Gemach.

Doch kaum waren sie aus dem Saal, nahm der schöne, grüne Froschkönig das Mädchen in den Schwitzkasten und wollte sie im tiefsten Wasser ertränken. Sie ließ dies alles gutwillig mit sich geschehen, und kaum war sie tot, verwandelte sie sich in eine schöne, grüne Froschprinzessin, schöner als jede Froschprinzessin, die der Froschkönig je sah.

Da war der Froschkönig aber sehr, sehr froh, und er umarmte sie. Sie ward seine Gemahlin, und durch das Wasser schien von oben der Vollmond. Und immer, immer wieder erzählte ihm die schöne, grüne Froschkönigin, wie sie sich einmal als Froschkind zu weit vom Teich ihres Vaters weggewagt hatte, von einem Menschen gefangen worden war, in ein Glas gesteckt wurde und sich dann in ihrer letzten Not in einen Menschen verwandeln mußte, um in dem Glas nicht elendig zu sterben. Damit aber kein anderer Mensch sie zur Frau nahm, wurde sie ein kümmerliches, häßliches Mädchen. Hätte sie nämlich oben auf dem Land geheiratet, hätte sie nie, nie wieder zurückgedurft ins kühle Wasser.

Eugen Oker

DER ELEFANT UND DER NEGER

Babba, sagt der Maxl, du mußt mir eine Geschichte erzählen.

Da ist einmal, *sagt der Babba,* der Elefant im Urwald spazierengegangen. Und wie er um einen Baum herumgeht, was sieht er da?

Einen Neger, *sagt der Maxl.*

Grüß Gott, Elefant, sagt der Neger, *sagt der Babba.*

Grüß Gott, sagt der Elefant, was ist denn mit Ihnen passiert?

Wieso? fragt der Neger.

Weil Sie so schwarz sind, sagt der Elefant.

Wir sind eben so, sagt der Neger, von Natur aus.

Das ist eine Spezialität von den Negern, *sagt der Maxl.*

Ja, so was! sagt der Elefant, *sagt der Babba.*

Ich bin nämlich ein Neger, sagt der Neger.

Ach, so schaut ein Neger aus? fragt der Elefant. Jetzt weiß ich es endlich. Es haben nämlich schon öfters Leute gefragt, ob hier Neger sind. Aber hier sind keine. Sie sind der erste Neger, den ich sehe. Wohnen Sie wirklich auch im Urwald?

Ja freilich, sagt der Neger, bloß in einer anderen Gegend.

Ist das weit von hier? fragt der Elefant.

Ziemlich weit, sagt der Neger.

Weiter als Söllach? fragt der Elefant.

Söllach? sagt der Neger. Das kenn ich nicht. Aber ich bin schon drei Tage unterwegs.

Und wie heißt das, wo Sie wohnen? fragt der Elefant.

Wulli-Wulli, *sagt der Maxl.*

Habe ich noch nie gehört, sagt der Elefant, *sagt der Babba.* Gibt es in Wulli-Wulli viele Neger?

Ziemlich viele, sagt der Neger, und in Zulu sind es noch mehr. Aber die sind anders als wir, größer, und in Mbo sind sie kleiner.

So viele verschiedene Neger gibt es? fragt der Elefant. Da wohnt man sein Lebtag lang im Urwald und weiß so gut wie nichts über seine Nachbarn. Aber das kommt daher, weil wir fast nicht herumkommen. Bei den Menschen ist das anders.

Das stimmt, sagt der Neger. Bei uns wohnen sogar Chinesen.

Chinesen? fragt der Elefant. Was sind denn das für welche?

Chinesen sind gelb, sagt der Neger, kommen aus China, und kein Mensch versteht sie.

Da singt der Maxl:

Dri Chinisin mit dim Kintribiß
sißen if dir Strißi ind irzihlten sich wis
di kim die Pilizi ji wis ist din dis
dri Chinisin mit dim Kintribiß

Ja, so ähnlich klingt es, sagt der Neger, *sagt der Babba.*

Gelbe Menschen? fragt der Elefant. Die Welt ist schon komisch. Womöglich gibt es auch noch rote Menschen?

Freilich, sagt der Neger, das sind die Indianer. Die wohnen in Amerika.

Reden die auch wieder anders? fragt der Elefant.

Alle verschiedenen Menschen reden verschieden, sagt der Neger, und sie können einander nicht verstehen.

Sogar die von Söllach reden verschieden von denen in Kallmünz, *sagt der Maxl,* und die reden anders als die in Regensburg und die wieder anders als die in München. Aber wenigstens kann man sie verstehen.

Die Inländer verstehen sich untereinander, sagt der Neger, *sagt der Babba,* aber die Ausländer nicht. Ihre Sprache muß man erst lernen.

Da hat man aber genug zu tun, sagt der Elefant. Gibt es auch blaue Menschen?

Nein, sagt der Neger.

Jawohl, *sagt der Maxl,* wenn sie besoffen sind!

Dann schon, *sagt der Babba,* aber das sagt man doch bloß so. Sie haben deswegen keine andere Farbe. Stell dir einmal einen blauen Indianer vor; der wäre ja violett.

Und ein blauer Chinese? *fragt der Maxl.*

Grün, *sagt der Babba.* Aber es gibt weder violette noch grüne Menschen.

Aber braune Menschen gibt es, sagt der Neger. Araber, Inder, Perser, Malaien, Eskimos.

Allerhand, sagt der Elefant, und ich kenne nur weiße.

Den Maxl, *sagt der Maxl,* den Babba, die Mamma, die Bärbi, den Herrn Feuerwehrhauptmann, den Herrn Bürgermeister.

Was haben eigentlich Sie für einen Beruf? fragt der Elefant, *sagt der Babba.*

Ich bin Jäger, sagt der Neger.

Jäger? fragt der Elefant.

Ja, sagt der Neger, Elefantenjäger.

Auweh zwick! sagt der Elefant. Das hat mir gerade noch gefehlt.

Wart's ab, sagt der Neger, gibt es hier viele Elefanten?

Bis jetzt bin ich der einzige, sagt der Elefant.

Mit einem fangen wir gar nicht an, sagt der Neger. Da rentiert sich der ganze Aufwand nicht, die lange Anreise mit Treibern, Jagdelefanten, Stricken und Netzen. Nein, zehn Elefanten müßten es wenigstens sein. Es sei denn, du gehst freiwillig mit. Ich wüßte dir einen prima Tierpark oder einen erstklassigen Zirkus.

Das würde mich schon interessieren, sagt der Elefant. Aber ich weiß nicht, ob es mir auf die Dauer gefällt.

Auf Probe geht das leider nicht, sagt der Neger. Das wäre dann schon eine Lebensbeschäftigung. Weil ich dich nämlich verkaufe. Dann gehörst du ihnen.

Nein, dann nicht, sagt der Elefant. Ich gehöre mir schon lieber selber.

Du könntest ja ausreißen, wenn es dir nicht gefällt, sagt der Neger. Das wäre mir gleich. Denn was du im Tierpark oder im Zirkus machst, geht mich nichts mehr an.

Das ist vielleicht gar keine schlechte Idee, sagt der Elefant, Sie kriegen Ihr Geld, ich erlebe was Neues und hau ab, wenn es mir nicht mehr gefällt.

Das ist aber nicht so einfach, sagt der Neger. Im Tierpark ist ein tiefer und breiter Graben um dich herum, und im Zirkus legen sie dich an eine dicke Kette.

Dann bleibe ich doch lieber hier, sagt der Elefant.

Schade, sagt der Neger. Aber jetzt muß ich mich schön langsam wieder verabschieden. Du weißt nicht zufällig eine Gegend mit vielen Elefanten?

Leider nein, sagt der Elefant und denkt sich: Dir würde ich es ganz gewiß nicht sagen, wenn ich es wüßte.

Schade! sagt der Neger. Dann also auf Wiedersehen.

Lieber nicht! sagt der Elefant.

Josef Guggenmos

EIN ELEFANT marschiert durchs Land

Ein Elefant marschiert durchs Land
und trampelt durch die Saaten.
Er ist von Laub und Wiesenheu
so groß und kühn geraten.

Es brechen Baum und Gartenzaun
vor seinem festen Tritte.
Heut kam er durch das Tulpenfeld
zu mir mit einer Bitte.

Er trug ein weißes Kreidestück
in seinem langen Rüssel
und schrieb damit ans Scheunentor:
„Sie, geht es hier nach Brüssel?"

Ich gab ihm einen Apfel
und zeigte ihm die Autobahn.
Da kann er sich nicht irren
und richtet wenig an.

Michael Ende
Schnurpsen-ZOOLOGIE

Im Urwald, Forschern unbekannt,
lebt fröhlich der *Kamelefant*.

Durch Wüstensand trabt mit Gewackel
ein seltnes Tier, der *Dromedackel*.

Im bunten Federkleid ganz leis
meckert im Stall die *Papageiß*.

Mit viel Gequiek und viel Gewerkel
fliegt auf den Baum das *Maikäferkel*.

Es piekt im Bett mal dort, mal da
gestreift und platt das *Wanzebra*.

Im Vogelkäfig riesengroß
singt das *Kanarhinozeros*.

Man zählt erstaunt der Beine sechse
(trotz Schwanz!) bei jeder *Ameidechse*.

Durchs Wasser schwimmt mit buntem Fittich
laut zwitschernd der *Forellensittich*.

Besonders schmerzenreiche Bisse
verursacht uns die *Nashornisse*.

Wohl weil er nackt ist, braucht er solch
ein Flügelpaar, der *Fledermolch*.

Ein Tier mit Haus, das kriecht, nennst du,
wenn's plötzlich hüpft: *Schneckänguruh*.

Es wiehert süß mit offnem Maul
bei Mondenschein der *Nachtigaul*.

Mit Hörnern krabbeln durch die Tropen
die *Feuersalamantilopen*.

Zum Kämmen brauchst du einen Striegel
und Heldenmut beim *Krokodigel*.

Sehr scheu, und ganz und gar kein Krieger,
lebt im Gebirg' der *Murmeltiger*.

Durchs Fenster, ohne aufzustehn,
kann der *Giraffenpinscher* sehn.

Es schlängelt sich, im Maul ein Körnchen,
den Baum hinauf das *Blindschleichhörnchen*.

Du meinst, es gibt kein einz'ges Tier
von allen, die ich nannte hier?
Sei doch so gut und mal sie mir,
dann gibt es sie – auf dem Papier.

Otfried Preußler

Kirchweih in Groß-Goschenshausen

Als ich ein kleiner Junge war, besuchte ich manchmal meinen Onkel Schwindelian auf seinem Bauernhof in Groß-Goschenshausen, einem Ort in der Nähe von Flunkersdorf. Der Hof meines Onkels liegt an der Straße von Schwindelberg nach St. Nimmerlein, genau eine halbe Stunde und siebeneinviertel Minuten hinter dem berühmten Buttermilchbaum vor der Käsemühle in Faselheim an der Dingsda. Mein Onkel hatte so viele Kühe im Stall, daß er sich einen besonderen Knecht halten mußte, der sie jeden Tag zählte. Der Knecht begann früh am Morgen mit Zählen, wenn die Kühe auf die Weide hinausgingen; und am Abend, wenn er mit Zählen endlich fertig war und die letzten Kühe den Stall bei der Vordertür verlassen hatten, kamen die ersten bereits wieder zu der Hintertür herein. So ein großer Bauer war mein Onkel Schwindelian.

Wenn in Groß-Goschenshausen Kirchweih war, fing meine Tante schon vierzehn Tage vorher mit Kuchenbacken an. Fünfundzwanzig Mägde halfen ihr dabei von früh bis spät an den dreizehn Backöfen. Den Kuchenteig walzten sie auf der Wiese mit einer Dampfwalze aus. Ein Dutzend Knechte schafften in Schubkarren den süßen Quark und das Pflaumenmus heran, ein paar andere schaufelten den Streusel darauf, und wieder ein paar andere schleppten die fertig zubereiteten Kuchenstücke auf Scheunentoren und abgehobenen Tischplatten zu den Backöfen.

Wie überall gehen auch die Leute von Groß-Goschenshausen am Morgen des Kirchweihsonntags in die Kirche. Aber sie müssen schon frühzeitig aufstehen, wenn sie bis zum Beginn der Predigt an ihren Plätzen sein wollen, weil man näm-

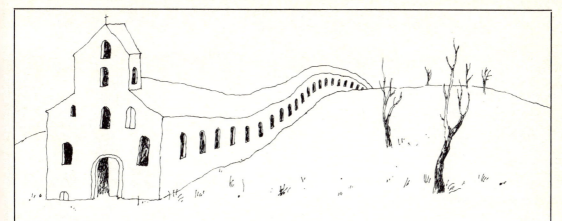

lich von der Kirchentür bis zu den vordersten Bänken annähernd drei Stunden zu laufen hat. Deshalb predigen auch gewöhnlich vier Pfarrer zur gleichen Zeit, und zwar jeder in einer anderen Kirchenecke, da sonst nur ein kleiner Teil der Gemeinde etwas davon verstehen kann. Dagegen hört man die Orgel auch im entlegensten Winkel des Gotteshauses; sie ist so ungeheuer groß, daß jeder einzelne Ton genau einen halben Tag braucht, bevor er die Orgelpfeifen durchlaufen hat. Der Kantor muß also schon am Abend des Kirchweihsamstags seine Choräle spielen, wenn sie am Kirchweihsonntag vor und nach der Predigt erklingen sollen.

Um die Mittagszeit kehren die Groß-Goschenshausener aus der Kirche wieder heim und setzen sich an langen Tafeln zum Festschmaus nieder. Als ich einmal zur Kirchweih bei meinem Onkel Schwindelian auf Besuch war, hielt ich den Tisch zunächst für eine Art hölzerne Brücke. Daher war ich auch gar nicht verwundert, als wirklich ein Leiterwagen, der mit zwei Pferden bespannt war, auf dieser vermeintlichen Brücke herangerumpelt kam. Der Wagen war über und über mit Speckknödeln beladen; während er langsam auf der Tafel entlangfuhr, spießte sich jedermann mit der Gabel so viel Speckknödel herunter, wie er Appetit hatte. Hinterher kam ein anderer Wagen mit Sauerkraut und nach diesem ein dritter mit Fässern voll brauner Schmalztunke. Auch die Bratenstücke wurden in der gleichen Weise aufgetischt und ebenso der Kartoffelbrei und alle weiteren Speisen. Nur das Bier mußte sich jeder selbst aus dem Brunnen holen.

Dann ging ich zu der Kegelbahn, wo gerade ein Preiskegeln statt-

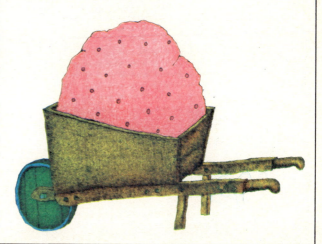

fand. Auch ich mußte mitkegeln, aber meine Kugel rollte so weit daneben, daß sie statt der Kegel den Stuhl des Bürgermeisters von Groß-Goschenshausen umwarf, und das ausgerechnet in dem Augenblick, als der Herr Bürgermeister sich darauf setzen wollte. Er setzte sich also ins Leere, und alle Leute lachten Tränen, als sie ihn auf den Rücken plumpsen und mit den Beinen in der Luft herumzappeln sahen. „Gewonnen, gewonnen!" riefen sie begeistert. „Dieser hat am allerweitesten danebengekegelt, er verdient den Preis, er ist Kegelmeister von Groß-Goschenshausen!" Dann brachten sie eine mächtige Kiste herbeigeschleppt, die ich öffnen sollte,
weil sie den Preis enthielt. Ich war neugierig, denn ich vernahm aus der Kiste ein tiefes Brummen, das ich mir nicht erklären konnte. Und was sah ich zu meinem größten Erstaunen, als ich den Deckel hob? Da saß in der Kiste und brummte – ein ausgewachsener lebender Bär! – Und wenn ihr nun noch wissen möchtet, was ich mit diesem Bären angefangen habe, so kann ich euch das im Vertrauen sagen: Diesen ausgewachsenen Bären habe ich euch heute aufgebunden, als ich euch von der Kirchweih in Groß-Goschenshausen erzählte!

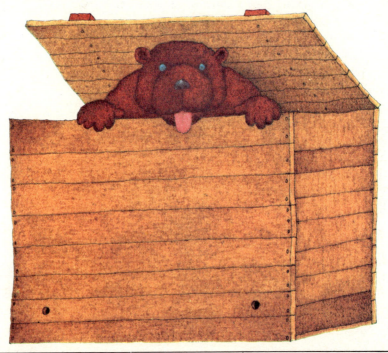

JOSEF REDING

SCHWINDELEIEN

Komm, laß uns mal kräftig schwindeln:
der Papa macht in die Windeln,
die Mama trägt Eisenhosen,
und die Großmama ißt Rosen.
Unser Lehrer klaut Brillanten,
der Pastor küßt alte Tanten.
Ein Gastarbeiter wird Minister,
und Bruder heißt auf englisch „sister".
Der Mond ist größer als die Erde,
und zwei Schafe sind 'ne Herde.
Ein Bankräuber bringt Geld zur Bank,
und ein Doktor wird nie krank.
Ein Pilot darf immer schlafen,
und ein Schiff braucht keinen Hafen.
Auch Väter können Kinder kriegen,
der Mount Everest kann fliegen.
Ein Holzhacker heißt Astronaut,
die Iglus man in Wüsten baut.
Und zum Schluß der dickste Hund:
Ostereier sind nicht bunt!

LÜGENMÄRCHEN

Ich will euch singen und nicht lügen:
Ich sah drei gebratene Hühner fliegen,
sie flogen also schnelle,
sie hatten die Bäuche zum Himmel gekehrt,
die Rücken nach der Hölle.

Ein Amboß und ein Mühlenstein,
die schwammen zusammen über den Rhein,
sie schwammen also leise,
da fraß ein Frosch einen glühenden Pflug
zu Pfingsten auf dem Eise.

Es wollten drei Kerls einen Hasen fangen,
sie kamen auf Krücken und Stelzen gangen,
der eine konnte nicht hören,
der andere war blind, der Dritte stumm,
der Vierte konnt sich nicht rühren.

Nun will ich euch singen, wie es geschah:
Der Blinde zuerst den Hasen sah
im Feld geschwind hertraben.
Der Stumme rief dem Lahmen zu,
da faßt ihn der am Kragen.

Es segelten etliche über Land,
die Segel hatten sie in Wind gespannt
und segelten auf den Feldern.
Sie segelten auf einen hohen Berg,
da ertranken sie in den Wäldern.

Es ging ein Krebs auf die Hasenjagd.
Die Wahrheit kommt heraus mit Macht
und bleibt nicht lang verschwiegen:
Es lag eine Kuhhaut auf dem Dach,
die war da hinaufgestiegen.

Hiermit will ich mein Lied beschließen,
sollt es die Leute gleich verdrießen,
und will nicht länger lügen.
In meinem Land sind die Fliegen so groß,
als hierzuland die Ziegen.

Eines Morgens sagte Professor Monogrohm (der berühmte Erfinder der fünfeckigen Kugel, der Frühstücksmaschine und des trinkbaren Superhaarwuchsmittels) vor dem Frühstück zu seiner Frau: „Es ist höchste Zeit, daß ich wieder einmal eine meiner berühmten Erfindungen mache. Aber mir fällt nicht ein, was ich erfinden soll."
„Das hast du schon oft gesagt", meinte seine Frau.
„Erfinde doch irgendeine neuartige Maschine!"
„Das hast du auch schon oft vorgeschlagen", sagte er. „Aber mir fällt eben keine ein. Alle Maschinen sind schon erfunden. Ich denke und denke, aber ..."
„Du denkst und denkst?" unterbrach ihn seine Frau.

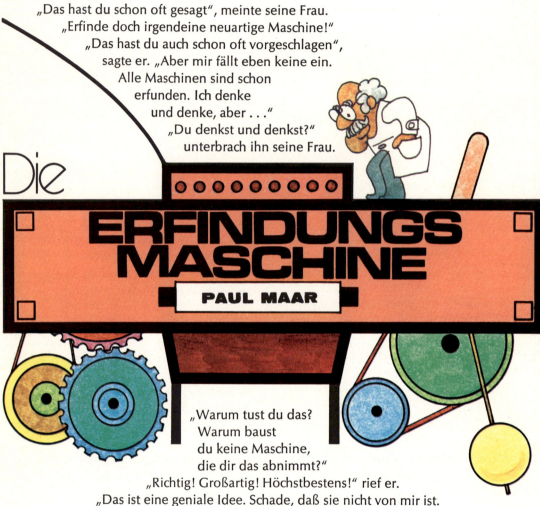

Die ERFINDUNGS MASCHINE
PAUL MAAR

„Warum tust du das? Warum baust du keine Maschine, die dir das abnimmt?"
„Richtig! Großartig! Höchstbestens!" rief er.
„Das ist eine geniale Idee. Schade, daß sie nicht von mir ist. Ich erfinde eine Denkmaschine."

Damit zog er seinen weißen Erfindermantel an, ging in die Erfinderwerkstatt, setzte sich an seinen Erfindertisch und begann die Denkmaschine zu erfinden.
Er baute sechs Wochen, dann war die Maschine fertig. Stolz schob er sie ins Wohnzimmer und führte sie seiner Frau vor. Oben war eine alte Schreibmaschine eingebaut. In die spannte er einen Bogen Papier ein und tippte die erste Frage:
Wieviel ist sieben und zwölf?

DIE ERFINDUNGSMASCHINE

Kaum war die Frage ausgeschrieben, tippte die Maschine auch schon ihre Antwort.

Neugierig zog der Professor das Papier heraus und las seiner Frau die Antwort vor:

> **Alberne Frage! Natürlich neunzehn.**

„Die Maschine ist ganz schön hochmütig", stellte der Professor leicht verärgert fest. „Ich muß ihr wohl eine schwierigere Frage stellen."

Er dachte einige Zeit nach, dann tippte er: Wenn drei Elefanten an zwei Tagen sieben Pfund Fleisch fressen, wieviel Pfund Fleisch fressen dann neun Elefanten an fünf Tagen?

Wieder brauchte die Maschine keine zwanzig Sekunden, dann hatte sie schon ihre Antwort geschrieben. Professor Monogrohm zog das Papier heraus und las vor:

> **Elefanten sind Pflanzenfresser und fressen überhaupt kein Fleisch, alter Trottel!**

„Die Maschine ist nicht hochmütig, sie ist frech", sagte der Professor. „Jetzt werde ich ihr eine Frage stellen, an der sie ordentlich zu kauen hat."

Damit spannte er ein neues Papier ein und schrieb:
Was soll Professor Monogrohm erfinden?

Kaum war die Frage ausgeschrieben, tippte die Maschine schon die Antwort. Die beiden zogen das Papier heraus und lasen gemeinsam:

> **Professor Monogrohm ist Erfinder! Professor Monogrohm weiß nicht, was er erfinden soll! Daraus folgt: Professor Monogrohm soll eine Erfindungsmaschine erfinden, die aufschreibt, was er erfinden soll!**

„Wenn die Maschine manchmal auch ausgesprochen frech ist: Denken kann sie!" freute sich der Professor. „Genau das ist es, was ich jetzt erfinden werde. Eine Erfindungsmaschine, die Erfindungen erfindet!"

Wieder zog er seinen weißen Erfindermantel an und ging in die Erfinderwerkstatt, um die Erfindungsmaschine zu bauen.

Gestern ist die Maschine fertig geworden. Alle vierundfünfzig Minuten schreibt sie einen neuen Erfindungsvorschlag auf und spuckt ihn aus. Und Professor Monogrohm braucht sich nur in seine Erfinderwerkstatt zu setzen und das zu bauen, was die Maschine ausgedacht hat. Denn das Schwierigste beim Erfinden ist nicht das Erfinden selber. Viel schwieriger ist es, sich Sachen auszudenken, die bis jetzt noch keiner erfunden hat.

DIE ERFINDUNGSMASCHINE

Dies sind die ersten Erfindungsvorschläge, die die Maschine ausgespuckt hat:

1. Spazierstock mit Kilometerzähler

2. Hut, der sich automatisch vom Kopf hebt, wenn sein Besitzer „Guten Tag" sagt

3. Brille mit Scheibenwischer

4. Viereckige Äpfel (weil sie sich besser in Kisten verpacken lassen als runde)

5. Spinat mit Schokoladengeschmack

6. Gardine, die ohne Wind wehen kann (für Kriminalfilme)

7. Mechanische Großmutter, die auf Knopfdruck Märchen erzählt

8. Jacke, die sich allein zuknöpft

9. Pantoffeln mit eingebauter Heizung

10. Unverwüstliche Rauchzeichen aus Metall für Indianer

11. Runde Hausecken (damit es weniger weh tut, wenn man sich stößt)

12. Automatischer Mantelkragen, der sich bei starkem Wind hochklappt

13. Wanderstiefel für Wanderdünen

Leider ist nach dem 13. Erfindungsvorschlag der elektrische Strom ausgefallen. Wie man hört, soll eine chinesische Schwarzpelzlangschwanzrundohr-Zuchtmaus einen Kurzschluß verursacht haben, als sie sich durch das städtische Hauptstromkabel durchfraß. Bis der Schaden behoben ist und die Maschine wieder arbeiten kann, wird wohl noch einige Zeit vergehen.

Aber vielleicht fallen euch in der Zwischenzeit ein paar Erfindungsvorschläge ein. Ihr könnt sie ja aufschreiben. Professor Monogrohm würde sich bestimmt freuen!

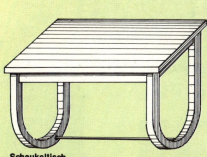
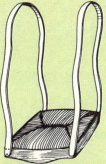
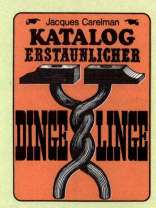

Schaukeltisch
Eine kleine Fußbewegung nach dem Essen, und Ihr Tisch ist abgeräumt. Gäste werden mit Vorteil nur auf einer Seite des Tisches plaziert.

Wanderstuhl
Während des Marsches wird das Sitzbrett an zwei Trägern an die Schultern gehängt und bietet so die Annehmlichkeit, das Ziel sitzend zu erreichen. Patent angemeldet.

Seitenscheitelkamm
Selbstverständlich liefern wir auch den Mittelscheitelkamm, und falls Sie keinen Scheitel tragen, den Ohnescheitelkamm.

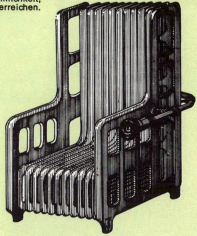

Treppenfahrrad
Kein Absteigen vor dem Hause mehr! Sie erreichen damit mühelos jede beliebige Etage. Tourenmodell für Hochhäuser.

Zentralheizungssessel
Dieser willkommene Wärmespender kann ohne Schwierigkeit an jede Zentralheizungsanlage angeschlossen werden. Ein unentbehrlicher Freund für alle kälteempfindlichen Leute.

Spaghettigabel
Kann hierzulande auch für Sauerkraut verwendet werden.

Krummhammer
Ein Werkzeug mit großer Anpassungsfähigkeit. Seine Spezialform erlaubt es, selbst schwerzugängliche Nägel auf den Kopf zu treffen.

UNGARISCHES MÄRCHEN

Vom tüchtigen Handwerker

Weit, sehr, sehr weit hinter den Meeren, den Seen, den Flüssen und den Bächen, hinter den gläsernen Bergen und den Lebkuchenhügeln und noch ein Stückchen weiter lebte einmal ein Tischler. Und der hatte das Schmiedehandwerk so ausgezeichnet erlernt, daß ihn kein Schneider auf der Welt übermeistern konnte. Er webte Kipfel und Töpfe wie kein anderer Dachdecker, mit einem Wort, er war von allen Kistenmachern der allerschornsteinfegerhafteste. Als er begann, auf seiner Werkbank Erbsen an die Wand zu werfen, beneideten ihn alle Barbiere. Und als er in die Räucherkammer kam, erkannte er sofort, als er sich die Kälber ansah, welche Sau als erste Junge haben würde.
So ein Schlosser ist das gewesen, Donnerwetter!

James Krüss

Wenn

im Schlafe
Schafe
Blöken,
Wenn im
Tal
Ein Wal
Erscheint,
Wenn in
Wecken
Schnecken
Stecken,
Wenn die
Meise
Leise
Weint,
Wenn
Giraffen
Affen
Fangen,
Wenn ein
Mäuslein
Läuslein
Wiegt,
Wenn an
Stangen
Schlangen
Hangen,
Wenn der
Biber
Fieber
Kriegt,

Dann

Entsteht zwar
Ein Gedicht,
Aber
Sinnvoll
Ist es
Nicht!

Alphabet zum Weiterspinnen

Helga Gebert

A B C D E F G
H I J K L M N O
P Q R S T U
V W X Y Z

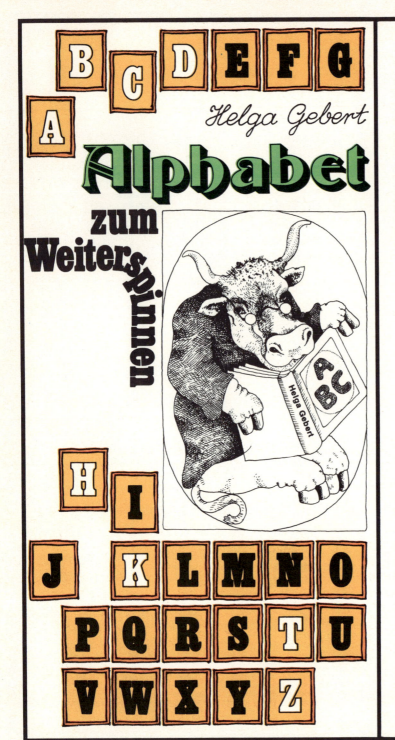

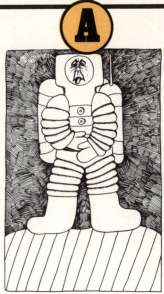

Alfons (Alfred, Anton, Abraham), der Astronaut, aß apfelgrüne Ameisen.

Hanna, die Hexe, hopst über die Holderhecke.

uchbinder Bonifatius Bullenbeißer
lasius, Benedikt Bassilikum, Baldrian
lümlein) bindet bunte Bilderbücher.

Cousine Cäcilie (Camilla) spielt Cello bei Herrn Coca Cola (Chicorée, Chamäleon, Clausewitz).

Die daumendicke Dorothee diniert mit Dickhäutern und Dromedaren.

alten Kohl kaut Konrad, das Krokodil
Karlchen, das Krokodil).

Tante Tina trinkt ein Täßchen Tinte.

Zauberer Zamboni zaubert Zahnpasta aus seinem Zylinder. Oder: Zauberer Zapaloni, Zimzamboni...

Xerxes

Hans Stempel / Martin Ripkens

Es war einmal ein Junge, der hieß Xerxes, und hätte er im Orient gelebt, wäre sein Name nicht weiter verwunderlich gewesen. Der Junge lebte aber in einer kleinen Stadt in Deutschland, und da fanden viele Leute den Namen sonderbar, und nicht wenige sagten: Xerxes heißt man nicht!

Anfangs ärgerte sich der Junge darüber, doch dann spielte er diesen unduldsamen Leuten einen Streich. Fragten sie ihn nach seinem Namen, seufzte er und sagte: Sie werden es nicht glauben!

Das machte die Leute natürlich erst recht neugierig, und sie bohrten so lange, bis er sagte: Ich heiße Xerxes!

Xerxes, fragten die Leute. Wie schreibt man denn das?

Und der Junge buchstabierte:

**X wie Xylophon.
E wie Explosion.
R wie Robinson ...
.
.**

> Langsam, langsam! sagten die Leute.
> Explosion? Wie schreibt man denn das?
> Und der Junge buchstabierte:
>
> **E wie Elefanten.
> X wie Xanten.
> P wie Pedanten ...
> .
> .**
>
>> Langsam, langsam! sagten die Leute.
>> Pedanten? Wie schreibt man denn das?
>> Und der Junge buchstabierte:
>>
>> **P wie Patrone.
>> E wie Eismelone.
>> D wie Drohne ...
>> .
>> .**
>>
>>> Langsam, langsam! sagten die Leute.
>>> Drohne? Wie schreibt man denn das?
>>> Und der Junge buchstabierte:
>>>
>>> **D wie Dromedar.
>>> R wie Romedar.
>>> O wie Omedar ...
>>> .
>>> .**

Da wurden die Leute mißtrauisch und sagten: Du willst uns wohl verschaukeln?

Da sagte der Junge mit unbewegtem Gesicht: Ich will Ihnen nur erklären, wie man Xerxes buchstabiert.

Da sagten die Leute sauer: Es ist doch nicht zu glauben!

Da lachte der Junge und sagte: Das hab ich Ihnen ja gleich gesagt!

Katrin Behrend

Die Schrift der Prinzessin

Nun hört mal zu! Es war nämlich einmal eine allerliebste kleine Prinzessin, heiter und schön wie die Frühlingssonne, freundlich und gut, wie eben nur Prinzessinnen sein können. Aber sie hatte es trotz ihrer Schönheit und Freundlichkeit nicht gut; denn ihre Eltern waren gestorben, und sie lebte nun mit ihrem alten Onkel in ihrem großen Schloß. Der aber tat ihr gar nichts zuliebe; denn der Vater der Prinzessin hatte in seinem Testament bestimmt, daß er nicht länger als bis zu ihrem 21. Jahre im Schloß bleiben dürfe; dann solle das Schloß und Land der Prinzessin Gisa ganz allein gehören. Das mochte aber der alte mürrische Onkel ganz und gar nicht, weil ihm das faule Leben, das er im Schloß führte, viel zu sehr behagte.

Kurz vor ihrem 21. Geburtstag wollte Gisa durchaus das Schreiben erlernen. Schon oft hatte sie ihren Onkel gebeten, ihr doch Unterricht im Schreiben geben zu lassen. Der aber hatte sich stets geweigert, weil er seine Nichte in Unwissenheit lassen wollte. Jetzt aber, da sie gar so dringend bat, überlegte er sich die Sache. Ihm kam ein böser Gedanke: „Wie wäre es, wenn du sie die Buchstaben falsch lehrtest? Zum Beispiel das Abc rückwärts?"

Er nahm einen Bogen Papier, schrieb die Buchstaben des Alphabets nieder und sprach vor sich hin: „Also z ist a; y ist b – –"

Da hörte er plötzlich eine Stimme schnarren: „Z ist a." Als er erschreckt aufschaute, sah er den weißen Schloßraben vor sich auf dem Tische sitzen und ihm ernsthaft zuschauen. Er plusterte sich auf und sagte nochmals: „Z ist a." In höchstem Zorn ergriff der Schloßherr ein dickes Buch und wollte nach dem Tier werfen; das aber war flinker als er und entwischte durch das offene Fenster.

Am nächsten Morgen sagte der böse Onkel zu Prinzessin Gisa: „Ich will dir die Schreibkunst beibringen. Doch glaube ich nicht, daß du sie begreifen wirst, weil du schon zu alt dazu bist. Ich will dir etwas sagen: Lernst du bis zu deinem Geburtstag das Schreiben, so daß alle Leute dein Geschriebenes verstehen, so verlasse ich das Schloß; sonst aber sollen mir Schloß und Land gehören." Damit war das Prinzeßlein einverstanden. Sie lernte mit großem Fleiß und konnte noch mehrere Tage vor ihrem Geburtstage schön schreiben und lesen – nur leider falsch, da ihr Onkel ihr ja die Buchstaben falsch eingeprägt hatte. – Am Abend vor ihrem Geburtstagsfest sollte sich zeigen, ob alle Leute ihre Schrift verständen. Ihr Onkel befahl ihr, auf ein Blatt zu schreiben: „An meinem einundzwanzigsten Geburtstage soll großes Volksfest sein. Prinzessin Gisa." – Nachdem sie geschrieben hatte, wurde der Bogen mit der Schrift vervielfältigt und an allen Straßenecken angeschlagen.

Wie erstaunten aber die guten Leute, als sie am Morgen überall lasen:

„Zn ovrnvo vrnfnwadznarthgvn Tvyfighgztv hmpp timhavh Empqhuvhg hvrn. Lirnavhhrn Trhz."

Erst glaubten sie, es hätte sich jemand einen Spaß erlaubt. Als sie dann aber fragten, wer den Zettel geschrieben habe, und erfuhren, das sei Prinzessin Gisa gewesen, senkten sie die Köpfe und trauerten; denn sie vermeinten nicht anders, als daß ihre Prinzessin irrsinnig geworden sei. Die Kinder aber übten den ganzen Tag mit Jubel: „Zn ovrnvo –", bis sie sich beinahe die kleinen Zungen abgebissen hatten. So hatte also kein Mensch die Schrift der Prinzessin lesen können, und der böse Onkel blieb nun Herrscher des Landes. – –

Aber die Kunde von der lieblichen Prinzessin, die an ihrem 21. Geburtstag plötzlich irrsinnig geworden war, erscholl weit in die Lande, und manch schöner Prinz, der sie gern geheiratet hätte, sah sich ihr Bild an und sagte: „Schade um sie!" Dann legte er das Bild in seinen Schreibtisch und blieb hübsch zu Hause. – Nur ein Prinz sah immer wieder das hübsche Bild an, schüttelte den Kopf und sagte endlich: „Wer so kluge Augen hat, kann doch nicht irrsinnig sein! Ich werde mich mal aufmachen und sie mir selbst anschauen." Also sattelte er sein Rößlein und zog in das Land der Prinzessin Gisa.

Als er in dem Wald vor der Hauptstadt war, schickte er seinen Knappen voraus, der im Schloß anfragen sollte, ob sein Herr der Prinzessin seinen Besuch machen dürfe. Er kam zurück mit einem Brieflein, das die Prinzessin selbst geschrieben hatte. Darin stand:

„Qmoog fnw svpug ori! Rsi hvrw drppqmoovn! Trhz."

Der gute Prinz machte ein recht verblüfftes Gesicht, als er das sah, und wollte schon glauben, daß die Leute doch recht hätten, wenn sie behaupteten, die Prinzessin sei im Kopf nicht ganz richtig.

Nachdenklich betrachtete er die sonderbaren Worte, als er plötzlich ganz in der Nähe eine schnarrende Stimme hörte: „Z ist a." Erstaunt sah er auf und erblickte auf dem Kopf seines Pferdes einen weißen Raben, der jetzt zutraulich zu ihm auf seine Hand hüpfte und sich ruhig ein paar Brotkrumen reichen ließ. Dazu verbeugte er sich und sagte wie zum Dank: „Z ist a."

„Was plapperst du denn da immer vor dich hin?" fragte der Prinz, indem er das seltene Tierchen sanft streichelte. „Z ist a!" erwiderte der Rabe. Der Prinz schüttelte das Haupt. „Das scheint ja hier ein schreckliches Land zu sein", sagte er, „selbst dieser Vogel hat einen Vogel." Doch mit einem Mal wurde er aufmerksam: „Wie? Z ist a? Sollte der Vogel das Rätsel lösen können?" Schnell schrieb er sich das Abc auf, und dann noch einmal rückwärts darunter; und siehe da, jetzt konnte er ganz deutlich die Worte Gisas lesen: „Kommt und helft mir! Ihr seid willkommen! Gisa."

Eiligst brach er auf. Der Rabe aber saß auf seiner Schulter und rief von Zeit zu Zeit: „Z ist a!", so daß es alle Leute hören konnten. Im Schloß fragte der Prinz sofort, wer die Prinzessin schreiben gelehrt habe. Das wollte zuerst keiner gewesen sein; der Prinz jedoch ließ nicht locker, bis der böse Onkel gestand; dann ließ er den Übeltäter in Ketten legen. Das hatte er nun davon!

Die Prinzessin aber war mit Freuden bereit, die Gemahlin ihres Befreiers zu werden. Der Prinz ließ sofort im Land ausrufen, daß Gisa nicht irrsinnig sei, sondern nur falsch schreiben gelernt habe. Da war große Freude, und am nächsten Morgen prangte an allen Straßenecken ein Zettel; darauf stand – diesmal richtig geschrieben:

> *„An meinem Hochzeitstag soll großes Volksfest sein. Gisa."*

Das geschah; und es wurde so lange gefeiert, bis kein Mensch mehr feiern konnte.

Irmela Brender

Jeannette wird Schanett

Eines Tages, als Jeannette schon eine Zeitlang sechs Jahre alt gewesen war, kam sie zum Mittagessen nicht nach Hause.

Sie wird keinen Hunger haben, dachte sich ihre Großmutter und aß den Grießbrei mit Zucker und Zimt allein.

Jeannette kam auch nicht zum Geschirrspülen, und die Großmutter machte sich ein paar kleine Sorgen. Außer der Großmutter gab es niemand, der sich um Jeannette Sorgen machte, und darum wollte sie nicht gleich übertreiben.

Als aber Jeannette auch am Abend nicht kam, nicht zum Abendessen und nicht beim Dunkelwerden, da merkte die Großmutter, daß die Sorgen inzwischen riesengroß geworden waren, ganz von selbst. Sie zog die Haussandalen aus und die Straßensandalen an und machte sich auf, Jeannette zu suchen.

Dort wo sie wohnten, in einer kleinen Stadt vor, hinter oder neben der großen Stadt, je nachdem, aus welcher Richtung man kommt – dort also gab es sechs gerade Straßen und drum herum eine runde. Jeannette war in keiner von den sieben. Da seufzte die Großmutter, putzte sich die Nase und ging zur Polizei.

In der Polizei saß ein Polizist, dem erzählte sie von ihren Sorgen und wie sie immer größer geworden waren. Der Polizist hörte sich das an und nickte, als wollte er sagen: Das ist keine besondere Geschichte. Laut aber sagte er: „Vermißtenanzeige also. Wie heißt die vermißte Person?"

„Jeannette", erklärte die Großmutter, „und sie ist keine vermißte Person, sondern ein Kind."

„Buchstabieren Sie Jeannette", verlangte der Polizist, denn er mußte alles aufschreiben.

„Jot-e-a-en-en-e-te-te-e", buchstabierte die Großmutter.

„Jäannettä also", brummte der Polizist. „Warum sagen Sie das nicht gleich so?"

„Weil man es anders ausspricht, wie Schanett, wobei man sich denken muß, das Sch ist aus Speiseeis und ein

Jeannette wird Schanett

bißchen an der Sonne geschmolzen. Jäannettä schreibt man nur, man sagt das nicht so."

Der Polizist winkte ab. „Alter?"

„Halb sieben", sagte die Großmutter.

„Größe?"

„Etwas mehr als die Hälfte von mir."

„Gewicht?"

„Ein Drittel von mir, vielleicht."

„Haare?"

„Wie Kastanien, wenn sie gerade aus der Schale geplatzt sind."

„Augen?"

„Auch wie Kastanien, aber etwas später."

„Kleidung?"

„Pullover und Jeans. Blau."

„Besondere Kennzeichen?"

„Sie ist so nett", sagte die Großmutter und putzte sich wieder die Nase.

„Das bringt uns überhaupt nicht weiter", brummte der Polizist und wollte gerade noch unzufriedener werden, da ging die Tür auf, und herein kamen ein zweiter Polizist und – Jeannette.

Jeannette wird Schanett

„Das Kind hier hab ich gefunden...", fing der zweite Polizist an, doch Jeannette unterbrach ihn mit dem, was wichtiger war: „Großmutter, die Katze hat sieben Junge gekriegt, denk dir mal, sieben, als ich hinkam in die Garage, da kam gerade das erste, und da hab ich ihr versprochen, bei ihr zu bleiben, bis alle da sind. Ich konnte doch nicht ahnen, daß es sieben würden. Und da bin ich noch ein bißchen geblieben, um sicher zu sein, daß nicht noch mehr kämen. Sieben neue Katzen auf der Welt – ist das nicht was?"

„Das ist was", sagte die Großmutter, lachte und gab Jeannette auf jede Backe einen Kuß. Der zweite Polizist lächelte, während der erste die Augenbrauen zusammenzog und brummte: „Das ist also die vermißte Jäannettä?"

„Jeannette", sagten Großmutter und Jeannette im Chor, wobei es klang wie Schanett und man sich denken muß, das Sch ist aus Speiseeis und – aber das wurde schon erwähnt.

„Jäannettä!" wiederholte der Brummpolizist störrisch. „So wird es auf jeden Fall geschrieben, also halten Sie sich gefälligst daran. Gute Nacht."

Auf dem Heimweg begann Jeannette von den sieben Katzen zu erzählen. Für jede Katze brauchte sie fünf Minuten und für die Katzenmutter dann zehn, und so lag sie schon im Bett, als sie endlich zu der Frage kam, die seit einer Dreiviertelstunde aus ihr herauswollte: „Sag mal, Großmutter, stimmt es, daß man mich anders schreibt als man mich spricht?"

„Es stimmt", gab die Großmutter zu, „aber das macht ja nichts. Die Leute können das lernen. Man muß sich auch mal ein bißchen anstrengen füreinander."

Jeannette dachte an den Brummpolizisten, der aussah, als müsse er sich dauernd anstrengen, den ganzen Tag, die ganze Nacht und sonntags auch, bis er nur noch brummen konnte vor Anstrengung. Und sie dachte an den zweiten Polizisten, der freundlich gewesen war. Allerdings hatte er auch nicht gewußt, daß man sie anders schrieb als man sie sprach.

„Weißt du was, Großmutter" – rief Jeannette, als es schon dunkel war in der Wohnung und sie nicht mehr leise reden konnte, weil sie darüber eingeschlafen wäre – „weißt du was? Ich schreibe mich jetzt, wie ich mich spreche – Schanett. Vielleicht wird es Zeit, daß ich mich ein bißchen anstrenge für die andern."

Von mir aus, wollte die Großmutter sagen, aber sie schnarchte schon.

Satzzeichen unter sich

Hans Manz

Wenn ich Komma

die Sätze nicht gliedern würde Komma

könnte man sie gar nicht verstehen Punkt

Ach Komma du Großhans Komma

du willst mehr sein als ein Fragezeichen Fragezeichen

Und du erst Fragezeichen Ausrufezeichen

Ich überschreie euch alle

Doppelpunkt

Fragezeichen

Komma

Strichpunkt

Ausrufezeichen

Ich setze jetzt diesem Selbstruhm

einen Schlußpunkt Punkt

Es schrieb ein Mann an eine Wand:

ZEHN FINGER HAB ICH AN JEDER HAND
FÜNFUNDZWANZIG AN HÄNDEN UND FÜSSEN

Die Kommas fehlen, das müßt ihr wissen.

Ein Brief geht auf die Reise

Hier siehst du, was du alles tun mußt, wenn du einen Brief geschrieben hast und ihn verschicken willst. Du siehst auch, durch wieviele Hände der Brief geht, ehe er beim Empfänger ankommt.

④  ⑤

⑥  ⑦

⑧  ⑨

Mascha Kaléko

Vetter Klaus aus Altona

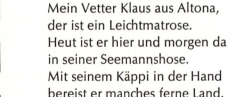
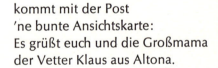

Mein Vetter Klaus aus Altona,
der ist ein Leichtmatrose.
Heut ist er hier und morgen da
in seiner Seemannshose.
Mit seinem Käppi in der Hand
bereist er manches ferne Land.

Sticht er in See,
heißt es Ade
und viele Wochen: Warte!
Aus Süd und Ost
kommt mit der Post
'ne bunte Ansichtskarte:
Es grüßt euch und die Großmama
der Vetter Klaus aus Altona.

Mal schickt er uns den Kölner Dom
und mal den Turm von Pisa.
Und kommt er irgendwann nach Rom
besucht er Tante Lisa.
Matrosen, sagt der Vetter Klaus,
sind beinah überall zu Haus.

Ein Krokodil
sah er am Nil,
Delphine in Italien.
'nen Elefant
hat er gesandt
per Karte aus Australien.

Selbst Walfischflossen, ganz famos!
aß er schon bei den Eskimos.
In Tokio nahm er seinen Reis
mit Stäbchen, wie'n Japaner.
Er hat in seinem Freundeskreis
viel braune Mexikaner.
Die Menschen, sagt der Vetter Klaus,
sehn bloß von außen anders aus!

Marga Simon

Wir basteln Kasperlpuppen

Zuschauen und Zuhören ist wirklich schön. Viel schöner aber ist, wenn ihr selber ein Kasperltheater bastelt und euren Freunden etwas vorspielt. Ganz einfach ist es natürlich nicht. Vorher müßt ihr nähen, bauen, zeichnen und anmalen. Aber ihr werdet sehen, daß diese Arbeiten euch großen Spaß machen.

Ihr fangt mit den Köpfen der Kasperlpuppen an. Das ist gar nicht schwer. Ihr geht in ein Farbengeschäft und kauft ein kleines Päckchen Tapetenkleister, den gibt es als Pulver. Dann braucht ihr noch eine Plastikschüssel, einen kleinen Plastikeimer, Wasser und Zeitungen.

Erst rührt ihr den Kleister an. In einen Viertelliter Wasser streut ihr 5 Gramm, das sind etwa vier gestrichene Teelöffel, Kleisterpulver. Dann rührt ihr mit dem Schneebesen das Wasser ein wenig um und laßt es etwa 30 Minuten stehen, damit das Kleisterpulver quellen kann.

In der Zwischenzeit nehmt ihr drei doppelte Bogen Zeitungspapier und reißt davon lange Streifen von 2 Zentimeter Breite. Die langen Streifen zerreißt ihr wiederum in kleine Stücke von 2 Zentimeter Länge, so daß ihr lauter kleine quadratische Papierschnitzel habt. Wirbelt die Schnitzel in dem kleinen Eimer gut und locker durcheinander.

Nun ist auch der Kleister gequollen und dick geworden. Rührt ihn noch einmal gut mit dem Schneebesen durch und schüttet ihn dann in den Eimer mit den Papierschnitzeln. Jetzt müssen der Kleister und das Papier gut miteinander vermischt und fest mit den Händen geknetet werden. Das geht nicht in wenigen Minuten. Ihr müßt Geduld haben und den Brei immer wieder fest mit beiden Händen zusammendrücken, so daß er zwischen den Fingern herausquillt.

Im Brei dürfen zuletzt keine Papierklumpen mehr sein. Sollte er ein wenig zu trocken werden, dürft ihr ein paar Tropfen Wasser dazugeben. Wird die Arbeit zu anstrengend, könnt ihr den Brei mit einem feuchten Tuch bedecken und etwas später weiterkneten. Ist der Brei dann gut durchgeknetet und weich wie eine Knetmasse, könnt ihr anfangen, die Köpfe zu formen. Jetzt müßt ihr aufpassen! Vergeßt nicht, für einen Puppenkopf braucht ihr 5 Gramm Kleisterpulver, einen Viertelliter Wasser und drei doppelte Bogen Zeitungspapier. Wollt ihr gleich mehrere Köpfe machen, so müßt ihr die angegebene Menge so oft mehr nehmen, wie ihr Köpfe machen wollt. Also für vier Köpfe viermal 5 Gramm Kleisterpulver, viermal ein Viertelliter Was-

ser und viermal drei doppelte Bogen Zeitungspapier.

Um einen Kopf zu formen, nehmt ihr etwa Dreiviertel des Breies und rollt ihn zwischen euren Händen zu einer Kugel. Dann rollt ihr weiter, bis ihr eine etwa 13 Zentimeter lange, dicke Wurst habt. Zuerst schnürt ihr den Hals ab, der etwa 5 Zentimeter lang sein soll. Dort soll später das Kleid befestigt werden. Dann bohrt ihr mit dem Zeigefinger ein Loch von unten in den Hals, so tief, daß das dritte Fingerglied noch herausschaut. Nun stellt ihr den Kopf auf einen umgestülpten Blumentopf, um das Gesicht zu modellieren. Nehmt ein wenig von dem restlichen Brei, formt davon die Nase und modelliert sie gleich an die richtige Stelle in das Gesicht. Das gleiche macht ihr nun mit Augen, Backen, Lippen, Kinn und Ohren.

Mit einem spitzen Bleistift, einem Zahnstocher oder einem angespitzten Streichholz oder mit Modellierstäbchen könnt ihr Augen, Mund und Nase feiner formen. Ihr könnt auch die Augen aushöhlen und dann kleine Breikugeln als Augäpfel einsetzen.

Ist euer Kopf nun fertig geformt und so schön geworden, daß er euch gefällt, dann müßt ihr ihn trocknen lassen. Dies geschieht entweder in der normalen Zimmerluft oder im leicht geheizten Backofen bei etwa 50 Grad Hitze. Im Backofen trocknet der Kopf schneller. Schon nach ungefähr 4–5 Stunden ist er trocken. Bei Zimmertemperatur dauert es etwa 4 Tage. In dieser Zeit könnt ihr die Kostüme für die Puppen nähen.

Wenn der Kopf dann hart ist, nehmt ihr euren Malkasten und malt den Kopf mit dem Pinsel an. Denkt aber daran, daß die Prinzessin andere Farben hat als die Hexe und der Bauer andere Farben als der König. Zum Schluß nehmt ihr farblosen Lack und überpinselt den Kopf damit rundum, damit die Wasserfarben auch halten.

Josef Guggenmos

Die 4 Nasen

Personen: Kasper, Hexe, Räuber, Prinzessin

Kasper	Kinder, seid ihr alle da?
Kinder	Ja.
Kasper	Bravo! Ihr seid alle da, und ich bin da. Aber wißt ihr überhaupt, wer ich bin? Ich bin gespannt, ob ihr draufkommt. Bin ich der Ka-Ka-Kaminkehrer Dunkelweiß?
Kinder	Nein.
Kasper	Bin ich der Ka-Ka-Kapellmeister Tschinderabumms?
Kinder	Nein.
Kasper	Dann bin ich bestimmt der Ka-Ka-Kaiser von Abessinien?
Kinder	Nein.
Kasper	Also, der Kaminkehrer Dunkelweiß bin ich nicht. Der Kapellmeister Tschinderabumms bin ich nicht. Und der Kaiser von Abessinien bin ich auch nicht. Wer bin ich denn dann?

Kinder	Der Kasper!
Kasper	Bravo! Der Kasper bin ich, und der Kasper bleibe ich. Aber wie habt ihr das bloß erraten? Seht ihr mir das vielleicht an meiner – Nase an?
Kinder	Ja.
Kasper	Es geht doch nichts über eine schöne Nase. Kinder, habe ich nicht eine schöne, große Nase?
Kinder	Ja.
Kasper	Wißt ihr, Kinder, was an meiner Nase praktisch ist? Daß sie angewachsen ist. Wenn sie nicht angewachsen wäre, dann könnte ich sie mal verlieren. Und das wäre doch wirklich jammerschade. – Ja freilich, wenn ich so eine häßliche Knolle im Gesicht hätte wie der Räuber Saufaus *(Räuber erscheint hinter Kasper),* dann wäre es um meine Nase kein bißchen schade. Das ist ja keine Nase, was dieser Saufaus im Gesicht hat. Das ist eine rotgrünblauviolette Runkelrübe bei Gewitter. Wenn ich so eine komische Giftknolle im Gesicht hätte, dann würde ich sie gleich nehmen und in die Brennesseln werfen. Dann würde ich sie in eine Schachtel stecken und als Muster ohne Wert nach China schicken.
Räuber	Rache, Rache!
Kasper	Ich glaube, da hat gerade eine Wildsau gegrunzt. – Kinder, wenn der Räuber Saufaus auf Jagd geht, dann braucht er kein Gewehr mitzunehmen. Wenn da eine Wildsau daherkommt und seine Nase sieht, dann fällt sie vor Schreck auf den Hintern und denkt, sie sei schon erschossen.
Räuber	Jetzt reicht es mir.
Kasper	*(sieht den Räuber)* Was? Bier soll ich dir reichen? Erstens bin ich keine Wirtschaft, und zweitens hast du schon genug Bier in deinem Leben getrunken. Das sieht man deiner Nase an.

Räuber	Dir dreh' ich den Kragen um!
Kasper	So, dumm bist du auch noch? Das ist aber eine sehr gefährliche Krankheit. Da will ich lieber ein wenig auf die Seite gehen, sonst steckst du mich auch noch an! *(läuft davon, der Räuber ihm nach; Kasper stellt sich schnell hinter einen Baum, der Räuber läuft an ihm vorbei, ab)*
Kasper	*(schaut dem Räuber nach)* Wie der mir nachläuft! Nur gut, daß ich nicht dort bin, wo der hinläuft. Junge, Junge, wenn der mich in die Finger bekommen hätte! Kinder, jetzt wo der Räuber Saufaus fort ist, kann ich es euch ja verraten. Es gibt jemand, der hat eine Nase, die ist noch hundertmal häßlicher. Das ist die Hexe Giftnickel. *(Hexe erscheint hinter Kasper)* Diese Hexe Giftnickel, ich kann euch sagen, die hat eine Nase, das ist keine Nase, das ist ein Geierschnabel. Ach was, jeder Geier würde sich in Grund und Boden schämen, wenn er mit so einer Nase herumlaufen müßte. Diese Nase ist so krumm und spitz, da kann sie Holz hacken damit. Und ausschauen tut sie so schaurig, daß die Hexe nur in der Dunkelheit Milch trinken kann, denn wenn die Milch ihre Nase sieht, dann wird sie vor Grausen sauer.
Hexe	Dir kratze ich die Augen aus!
Kasper	Hat da ein Tiger gefaucht? Aber ein Tiger ist noch ein sanftes Lamm gegen die Hexe Giftnickel. Wenn die hörte, was ich über ihre Nase gesagt habe!
Hexe	Ich habe alles gehört! Und jetzt erlebst du meine Krallen!
Kasper	*(erblickt die Hexe)* Ja, du hast mir schon immer gefallen, wie eine Vogelscheuche! *(Hexe verfolgt Kasper, dieser stellt sich wieder hinter einen Baum, Hexe an ihm vorbei, ab)*
Kasper	Habt ihr gesehen, wie die gerannt ist? Wenn die so weitermacht, holt sie den Saufaus in drei Minuten ein. Und dann kann sie den an meiner Stelle zerkratzen, wenn er es sich gefallen läßt. – Kinder, es geht doch

nichts über eine schöne Nase. Und natürlich darf sie nicht so arg klein sein, sonst sieht man von der ganzen Schönheit nicht viel. Wenn ich mir vorstelle, ich hätte so ein Stupsnäschen wie Prinzessin Pimpernell! *(Pimpernell erscheint)* Was Prinzessin Pimpernell hat, das ist gar keine richtige Nase. Das ist ein Nasen-Baby. Ein Marienkäferchen ist ein Riese dagegen. Wenn ich morgen aufwache und meine Nase wäre auf einmal so klein! Oje! Ich würde mich nicht mehr aus dem Hause trauen. Und ihr würdet euren Kasper nicht wiedererkennen!

Prinzessin Huuuuu . . . *(weint)*

Kasper Prinzessin Pimpernell, hast du gehört, was ich eben gesagt habe?

Prinzessin Alles habe ich gehört! Huuuuu . . .

Kasper Ich habe den Kindern gerade auf Hintermongolisch erzählt, daß man in China gebratene Vogelnester mit Mausdreck und Glasscherben ißt. Wenn du etwas anderes verstanden hast, dann hast du dich ganz und gar total verhört.

Prinzessin Ich habe genau gehört, was du gesagt hast. Meine Nase ist zu klein. Huuuu . . .

Kasper Liebe Prinzessin Pimpernell, kümmere dich doch nicht um das, was der dumme Kasper sagt!

Prinzessin Wenn der Kasper sagt, meine Nase gefällt ihm nicht, dann ist das viel schlimmer, als wenn ein anderer das sagt. Huu, huuuu . . .

Kasper *(verschwindet schnell und kommt mit einem Taschentuch wieder)* Liebe Prinzessin Pimpernell, da hast du ein Taschentuch, damit du deine Tränen abtrocknen kannst!

Prinzessin *(nimmt das Taschentuch, weint hinein)* Huuuuu . . . Reicht nicht. Huuuuu . . .

Kasper *(holt ein Badetuch)* Da hast du ein großes Badetuch!

Prinzessin	*(Nimmt das Badetuch, weint hinein)* Hu, huuuu ... Das ist gar nicht lieb von dir, daß du sagst, meine Nase ist zu klein, Kasper. Wenn du sagst, meine Nase ist zu klein, dann sage ich, deine Nase ist zu groß. Jawohl, deine Nase ist zu groß. Viel zu groß! Nicht für eine Million möchte ich deinen Zinken haben!
Kasper	Was habe ich? Einen Zinken? Nicht für eine Million möchtest du meinen Zinken haben? Huuuuu ... *(Kasper weint in das eine Ende des Badetuchs, die Prinzessin in das andere)*
Kasper	*(beginnt plötzlich zu lachen)* Ha, ha, ha, ha, ha, ha!
Prinzessin	Warum lachst du? Kasper, lachst du mich aus?
Kasper	Ich lache, weil ich mir vorstelle, wie du mit meinem Zinken aussehen würdest!
Prinzessin	Und wenn ich mir vorstelle, du hättest meine Stupsnase! Ha, ha, ha, ha, ha!
Kasper	Du, Pimpernell, mir ist etwas eingefallen.
Prinzessin	Was denn?
Kasper	Ich glaube, jeder hat genau die Nase, die er braucht. Dir würde mein Zinken nicht stehen, und mir würde dein Stupsnäschen nicht stehen.
Prinzessin	Kasper, du hast recht! Jeder soll mit seiner Nase zufrieden sein. Wollen wir tanzen? *(Kasper und Prinzessin tanzen miteinander, dabei singen sie)*
Kasper	Nase, Nase, gutes Stück!
Prinzessin	Wo ich geh, trag ich dich mit!
Kasper	Ist sie groß,
Prinzessin	ist sie klein,
Beide	Froh kann man mit jeder sein!

Dolores Travaglini

der Hexe Hischka

Eine Geschichte,
aus der man ein Kasperlspiel
gestalten kann

Es spielen mit:

Kasperl
Gretl
Hexe Hischka
Mond
Eule Schuhu
Fee Felizitas

Außerdem werden gebraucht:

Eine Zeitung; eine spitze Papiertüte, die über den Kasperlkopf gestülpt werden kann.

Kasperl liest der Gretl aus der Zeitung vor. Dieses und jenes. Plötzlich stößt er auf eine Anzeige: Wer will für wenig Arbeit alle Tage seine Leibspeise bekommen und außerdem viel Geld und neue Kleider? Der Kasperl ist von der Anzeige sofort hell begeistert und möchte sich gleich auf den Weg machen. Die Gretl sagt, das sei bestimmt nichts Richtiges, aber der Kasperl geht schließlich doch. Nach langem Suchen endlich findet er den Ort, und er muß entdecken, daß niemand anderer als die Hexe Hischka selbst die Anzeige aufgegeben hat.

Kasperl bekommt nun sofort eine Tüte auf den Kopf gestülpt, damit darunter die Ohren besser wachsen können. Denn die Hischka will aus dem Kasperl einen Esel machen. Er kriegt nur noch Gras zu fressen und sagt nach jedem Wort: ia.

In der Nacht klagt er dem Mond sein Leid. Der Mond erzählt es der Eule Schuhu, und diese sagt es der guten Fee Felizitas. Felizitas kommt nun und führt den Kasperl weg von der Hexe, ein Stück aus dem Wald heraus. Dann streicht sie mit einem Heilkraut über die Tüte (die der Kasperl ja immer noch über dem Kopf hat) und sagt dabei:

Ringelblume, Sauerdorn,
Kasperl ist ein Esel wor'n.
Käsleinkraut und Tormentill,
Kasperl, halt die Ohren still!
Gartensalbei, Birkenblatt,
Kasperl, wirf die Ohren ab!

Kasperl schüttelt sich, die Tüte fällt herunter, und der Kasperl tanzt glücklich herum. Er will der guten Fee Felizitas um den Hals fallen, da merkt er, daß sie verschwunden ist. Der Mond aber leuchtet ihm heim und die Eule Schuhu begleitet ihn. Die Gretl erwartet ihn schon am Fenster, und beide sind sehr froh, daß alles noch einmal so gut gegangen ist.

Inhalt

Irina Piwowarowa	Das Leise und das Laute	2
Hans Baumann	Tina + Nina	3
	Gesichter	6
Hans Stempel, Martin Ripkens	Rotraut	7
Heidrun Petrides	Fritz sagt	8
Astrid Lindgren	Richard	10
E. O. Plauen	Der Simulant	15
Ursula Wölfel	Hannes fehlt	16
Gina Ruck-Pauquèt	Derselbe Sommer kommt nicht wieder	18
E. O. Plauen	Weihnachtsbescherung	20
James Krüss	Rabeneltern	21
Roswitha Fröhlich	Was gemütlich ist	21
Benny Andersen	Lebensgefährliche Tulpen	22
Ursula Wölfel	Das Balg	28
Charles M. Schulz	(ohne Titel)	30
Mária Ďuričková	Es ist ganz schön	32
Eva Rechlin	Sei froh, daß du uns hast	35
Astrid Lindgren	Ich möchte auch Geschwister haben	36
Helmut Holthaus	Aus dem Tagebuch eines Zweijährigen	42
Maria Horvath	Wenn ich groß bin ...	44
Christine Nöstlinger	Der schwarze Mann und der große Hund	46
Tilde Michels	Wie ich mich mal verträdelt habe	49
Hans Stempel, Martin Ripkens	Bammel kommt in Fahrt	51
Benno Pludra	Die Schwäne auf dem Wasser	52

Irmela Brender	Streiten muß sein	54
Max Bolliger	Das böse Wort	54
Marie Marcks	(ohne Titel)	55
Tilde Michels	Wie es der böse Leo macht	56
Heidrun Petrides	Jupp und Jule	58
Herbert Heckmann	Der hölzerne Löwe	60
Charles M. Schulz	(ohne Titel)	64
Hans Manz	Fingerspiel	65
Heinrich Hannover	Herr Böse und Herr Streit	66
E. O. Plauen	Wie die Jungen zwitschern	67
Gina Ruck-Pauquèt	Das Nachthemd im Brotkorb	68
Hanna Hanisch	Auf dem Balkon soll eine Wiese wachsen	70
Jean-Jacques Sempé	(ohne Titel)	72
Bertolt Brecht	Der Pflaumenbaum	73
Inger Skote	Michael aus dem fünfzehnten Stock	74
Hans Baumann	Peter und die Kuh Isabell	77
Werner Heiligmann, Horst Janus, Helmut Länge	Der Igel	78
Josef Guggenmos	Von dem Igel, der Hunger hatte	80
Ulrich Thomas	Eine Hamster-Geschichte	82
Gertrud Mielitz	Katzen, Mäuse, Amseln	83
Tilde Michels	Wie es mit den Kaulquappen geht	84
Luis Murschetz	Der Maulwurf Grabowski	86
Brüder Grimm	Hänsel und Gretel	88
Paul Maar	Die Geschichte vom bösen Hänsel, der bösen Gretel und der Hexe	96
Brüder Grimm	Der Froschkönig	100

Janosch	Der Froschkönig	103
Eugen Oker	Der Elefant und der Neger	106
Josef Guggenmos	Ein Elefant marschiert durchs Land	109
Michael Ende	Schnurpsen-Zoologie	110
Otfried Preußler	Kirchweih in Groß-Goschenshausen	112
Josef Reding	Schwindeleien	115
Unbekannter Verfasser	Lügenmärchen	116
Paul Maar	Die Erfindungsmaschine	118
Jacques Carelman	Katalog erstaunlicher Dingelinge	121
Ungarisches Märchen	Vom tüchtigen Handwerker	122
James Krüss	Wenn im Schlafe ...	123
Helga Gebert	Alphabet zum Weiterspinnen	124
Hans Stempel, Martin Ripkens	Xerxes	126
Katrin Behrend	Die Schrift der Prinzessin	128
Irmela Brender	Jeannette wird Schanett	132
Hans Manz	Satzzeichen unter sich	136
Unbekannter Verfasser	Es schrieb ein Mann an eine Wand ...	137
Ingeborg Ullrich	Ein Brief geht auf die Reise	138
Mascha Kaléko	Vetter Klaus aus Altona	140
Marga Simon	Wir basteln Kasperlpuppen	142
Josef Guggenmos	Die vier Nasen	145
Dolores Travaglini	Die Zeitungsanzeige der Hexe Hischka	150
Quellenverzeichnis		155
Bildnachweis		156

Quellenverzeichnis

S. 2: Irina Piwowarowa, Das Leise und das Laute. Aus: Das große Lalula. München (Ellermann) 1971
S. 3: Hans Baumann, Tina + Nina. Aus: Ein Kompaß für das Löwenkind. Ravensburg (Maier) 1972
S. 7: Hans Stempel, Martin Ripkens, Rotraut. Aus: Auch Kinder haben Geheimnisse. München (Ellermann) 1973
S. 8: Heidrun Petrides, Fritz sagt. Aus: Geh und spiel mit dem Riesen. Weinheim (Beltz & Gelberg) 1971
S. 10: Astrid Lindgren, Richard. Aus: Madita. Hamburg (Oetinger) 1961
S. 15: e. o. plauen, Der Simulant. Aus: Vater und Sohn. © Südverlag GmbH Konstanz 1949, 1952. Mit Genehmigung der Gesellschaft für Verlagswerte GmbH, Kreuzlingen/Schweiz
S. 16: Ursula Wölfel, Hannes fehlt. Aus: Die grauen und die grünen Felder. Mülheim (Anrich) 1970
S. 18: Gina Ruck-Pauquèt, Derselbe Sommer kommt nicht wieder. Aus: Die Kinderfähre. Stuttgart (Union) 1972
S. 20: e. o. plauen, Weihnachtsbescherung. Aus: e. o. plauen, Vater und Sohn. © Südverlag GmbH 1952. Mit Genehmigung der Gesellschaft für Verlagswerte GmbH, Kreuzlingen/Schweiz
S. 21: James Krüss, Rabeneltern. Mit Genehmigung des Autors.
S. 21: Roswitha Fröhlich, Was gemütlich ist. Aus: H. J. Gelberg (Hrsg.), Menschengeschichten. Drittes Jahrbuch der Kinderliteratur. Weinheim (Beltz & Gelberg) 1975
S. 22: Benny Andersen, Lebensgefährliche Tulpen. Aus: Dichter Europas erzählen Kindern. Köln (Middelhauve) 1972
S. 28: Ursula Wölfel, Das Balg. Aus: Die grauen und die grünen Felder. Mülheim (Anrich) 1970
S. 30: Charles M. Schulz, Cartoon. Aus: Charlie Braun und seine Freunde. Ravensburg (Maier) 1974
S. 32: Mária Duričková, Es ist ganz schön. Aus: Die Straße, in der ich spiele. Ravensburg (Maier) 1974
S. 35: Eva Rechlin, Sei froh, daß du uns hast. Aus: Glück und Segen. Hamburg (Mosaik) 1974
S. 36: Astrid Lindgren / Margret Rettich, Ich möchte auch Geschwister haben. Aus: Astrid Lindgren erzählt. Hamburg (Oetinger) 1971
S. 42: Helmut Holthaus, Aus dem Tagebuch eines Zweijährigen. Aus: H. H., Lohnt es sich? Frankfurt (Knecht) o. J.
S. 44/45: Maria Horvath, Wenn ich groß bin . . . München (Betz) 1968
S. 46: Christine Nöstlinger, Der schwarze Mann und der große Hund. Aus: Die Kinderfähre. Stuttgart (Union) 1972
S. 49: Tilde Michels, Wie ich mich mal vertrödelt habe. Aus: Ich und der Garraga. Düsseldorf (Hoch) 1972
S. 51: Hans Stempel, Martin Ripkens, Bammel kommt in Fahrt. Aus: Bammel. München (Ellermann) 1973
S. 52: Benno Pludra, Die Schwäne auf dem Wasser. Aus: Geh und spiel mit dem Riesen. Weinheim (Beltz & Gelberg) 1971
S. 54: Irmela Brender, Streiten muß sein. Aus: Günther Stiller, Irmela Brender, Streitbuch für Kinder. Weinheim (Beltz & Gelberg) 1973
S. 54: Max Bolliger, Das böse Wort. Aus: H. J. Gelberg (Hrsg.), Die Stadt der Kinder. Recklinghausen (Bitter) 1969
S. 55: Marie Marcks, Cartoon. Aus: Spielen und Lernen, Heft 11, 1974. Velber (Velber)
S. 56: Tilde Michels, Wie es der böse Leo macht. Aus: Ich und der Garraga. Düsseldorf (Hoch) 1972
S. 58: Heidrun Petrides, Jupp und Jule. Aus: Spielen und Lernen, Heft 11, 1973. Velber (Velber)
S. 60: Herbert Heckmann, Der hölzerne Löwe. Aus: Geschichten vom Löffelchen. München (Deutscher Taschenbuch Verlag) o. J.
S. 64: Charles M. Schulz, Cartoon. Aus: Charlie Braun und seine Freunde. Ravensburg (Maier) 1970
S. 65: Hans Manz, Fingerspiel. Aus: Worte kann man drehen. Weinheim (Beltz & Gelberg) 1974
S. 66: Heinrich Hannover, Herr Böse und Herr Streit. Aus: Das Einhorn sagt zum Zweihorn. Köln (Middelhauve) o. J.
S. 67: e o. plauen, Wie die Jungen zwitschern. Aus: Vater und Sohn. © Südverlag GmbH Konstanz 1949, 1952. Mit Genehmigung der Gesellschaft für Verlagswerte GmbH, Kreuzlingen/Schweiz

S. 68: Gina Ruck-Pauquèt, Das Nachthemd im Brotkorb. Aus: Tipsy macht den Goldfisch glücklich. Recklinghausen (Bitter) 1969
S. 70: Hanna Hanisch, Auf dem Balkon soll eine Wiese wachsen. Aus: Wanderklaus 1975. Detmold (Deutsches Jugendherbergswerk) 1975
S. 72: Jean-Jacques Sempé, Cartoon. Aus: Von den Höhen und Tiefen. Zürich (Diogenes) 1972
S. 73: Bertolt Brecht, Der Pflaumenbaum. Aus: Gedichte, Bd. 4. Frankfurt (Suhrkamp) 1960
S. 74: Inger Skote, Michael aus dem fünfzehnten Stock. Aus: Abenteuer im Hochhaus. Hamburg (Oetinger) 1967
S. 77: Hans Baumann, Peter und die Kuh Isabell. Aus: Schlafmützenbuch. München (Betz) 1974
S. 78: Werner Heiligmann / Horst Janus / Helmut Länge, Der Igel. Aus: Das Tier, Bd. 1. Stuttgart (Klett) 1965
S. 80: Josef Guggenmos / H. Lentz, Von dem Igel, der Hunger hatte. Aus: Sieben kleine Bären. Recklinghausen (Bitter) 1971
S. 82: Ulrich Thomas, Eine Hamster-Geschichte. Aus: Meine kleinen Hamster. Luzern (Reich)
S. 83: Gertrud Mielitz, Katzen, Mäuse, Amseln. Aus: huckepack – Geschichten zum Vorlesen und Erzählen, zum Selberlesen und zum Drüber-Reden. Ebenhausen (Langewiesche-Brandt) 1971
S. 84: Tilde Michels, Wie es mit den Kaulquappen geht. Aus: Ich und der Garraga. Düsseldorf (Hoch) 1972
S. 86: Luis Murschetz, Der Maulwurf Grabowski. Zürich (Diogenes) 1972
S. 88: Brüder Grimm, Hänsel und Gretel. Aus: Kinder- und Hausmärchen. Leipzig (Reclam) 1942
S. 88: Ludwig Richter, Hänsel und Gretel. Aus: Die gute Einkehr. Königstein i. T. (Langewiesche) 1972
S. 96: Paul Maar, Die Geschichte vom bösen Hänsel, der bösen Gretel und der Hexe. Aus: Der tätowierte Hund. Hamburg (Oetinger) 1968
S. 100: Werner Klemke (Illustration). Aus: Die Kinder- und Hausmärchen der Brüder Grimm. Berlin (Der Kinderbuch Verlag) 1963
S. 100: Brüder Grimm, Der Froschkönig. Aus: Kinder- und Hausmärchen. Leipzig (Reclam) 1942
S. 103: Janosch, Der Froschkönig. Aus: Janosch erzählt Grimm's Märchen. Weinheim und Basel (Beltz & Gelberg) 1972
S. 106: Eugen Oker, Der Elefant und der Neger. Aus: Babba, sagt der Maxl, du mußt mir eine Geschichte erzählen. Hamburg (Oetinger) 1973
S. 109: Josef Guggenmos, Ein Elefant marschiert durchs Land. Aus: Ein Elefant marschiert durchs Land. Recklinghausen (Bitter) 1968
S. 110: Michael Ende, Schnurpsen-Zoologie. Aus: Das Schnurpsenbuch. Stuttgart (Thienemann) 1969
S. 112: Otfried Preußler, Kirchwehe in Groß-Goschenshausen. Aus: Die Katze mit der Brille. Zürich (Europa) 1959
S. 115: Josef Reding, Schwindeleien. Aus: Gutentagtexte. Balve (Engelbert) 1974
S. 116: Unbekannter Verfasser, Lügenmärchen. Aus: Das große Lalula. München (Ellermann) 1971
S. 118: Paul Maar, Die Erfindungsmaschine. Aus: Summelsarium oder dreizehn wahre Lügengeschichten. Hamburg (Oetinger) 1973
S. 121: Jacques Carelman, Katalog erstaunlicher Dingelinge. Bern (Benteli) 1975
S. 122: Ungarisches Märchen, Vom tüchtigen Handwerker. Aus: Das Männchen im Kännchen. München (Ellermann) 1974
S. 123: James Krüss, Wenn im Schlafe . . . Aus: James Tierleben. München (Deutscher Taschenbuchverlag) 1974
S. 124: Helga Gebert, Alphabet zum Weiterspinnen. Aus: Am Montag fängt die Woche an. Weinheim (Beltz & Gelberg) 1973
S. 126: Hans Stempel, Martin Ripkens, Xerxes. Aus: Auch Kinder haben Geheimnisse. München (Ellermann) 1973
S. 128: Katrin Behrend, Die Schrift der Prinzessin. Aus: Egon Hillgenberg, Schnurrige Märchen. Berlin (Klemm) o. J.
S. 132: Irmela Brender / F. Wittkamp, Jeanette wird Schanett. Aus: Jeanette zur Zeit Schanett. Gütersloh (Bertelsmann) 1972

S. 136: Hans Manz, Satzzeichen unter sich. Aus: Wörter kann man drehen. Weinheim (Beltz & Gelberg) 1974
S. 137: Unbek. Verfasser, Es schrieb ein Mann an eine Wand. Aus: Schnick Schnack Schabernack. Oldenburg (Stalling) 1973
S. 138: Ingeborg Ullrich, Ein Brief geht auf die Reise. Aus: Spielen und Lernen, Heft 4, 1973. Velber (Velber)
S. 140: Mascha Kaléko, Vetter Klaus aus Altona. Aus: Gruß und Kuß, Dein Julius. München (Ellermann) 1974
S. 142: Marga Simon, Wir basteln Kasperlpuppen. Aus: Wir spielen Kasperltheater. München (Schneider) 1974
S. 145: Josef Guggenmos, Die vier Nasen. Aus: Seid ihr alle da? Bayreuth (Loewes) 1970
S. 150: Dolores Travaglini, Die Zeitungsanzeige der Hexe Hischka. Aus: Seid ihr alle da? Bayreuth (Loewes) 1970

Bildnachweis

dpa-Bild, Frankfurt, S. 6, 34
Engel/ZEFA, Düsseldorf, S. 6
Gausäuer/laenderpress, Düsseldorf, S. 6
Gutzeit/PIAG, Baden-Baden, S. 6
Harstrick/ZEFA, Düsseldorf, S. 85
Hausmann, München, S. 151
Hoffmann-Burchardi/Schuster, Frankfurt, S. 6
Kiedrowski/laenderpress, Düsseldorf, S. 81
Kilian, Wiesbaden, S. 70, 74, 76
Kunz, Hamburg, S. 39
Liebelt/Schuster, Frankfurt, S. 6
Möller/PIAG, Baden-Baden, S. 38
Müller, roebild, Frankfurt, S. 6
Oertel/Prenzel, Gröbenzell, S. 7
Paul/ZEFA, Düsseldorf, S. 85
Pfetzing, Kassel, S. 65, 68

PIAG, Baden-Baden, S. 7
Prenzel, Gröbenzell, S. 84, 144
Reinhard/Mauritius, Mittenwald, S. 78
Richard/ZEFA, Düsseldorf, S. 6
roebild, Frankfurt, S. 51, 142
Sauer, Karlsfeld, S. 84
Schrempp/laenderpress, Düsseldorf, S. 151
Schürmann/ZEFA, Düsseldorf, S. 32
Schuster, Frankfurt, S. 6
Spital/PIAG, Baden-Baden, S. 39
Stief/Schuster, Frankfurt, S. 7
Storto, Leonberg, S. 71
Sturm/Schuster, Frankfurt, S. 7
Tönges/Schuster, Frankfurt, S. 79
Uselmann/Mauritius, Mittenwald, S. 17
V-Dia, Heidelberg, S. 83, 84
Wentzel/ZEFA, Düsseldorf, S. 6

Layout: Linus Seufert

Illustrationen: Linus Seufert und Frantz Wittkamp

Zu diesem Schülerbuch sind ein Lehrerkommentar und ein Arbeitsheft erschienen.

ISBN: 3–592–20630–3

Genehmigt für den Gebrauch in den Schulen der Länder:

Baden-Württemberg UA II 3610 – Kamp-Verlag / 54 – 1. 2. 78
Berlin II c B 32 – 28. 10. 76
Bremen 23 – 22 – 20/1 – 21. 12. 76
Hessen IV B 6 – 074/150 – 18. 11. 76
Niedersachsen A 54/76 – 15. 6. 76
Nordrhein-Westfalen I A 6.82 – 11 Nr. D 536/75 – 31. 7. 76
Rheinland-Pfalz IV B 4 Tgb. Nr. 263 – 13. 8. 76
Saarland genehmigt
Schleswig-Holstein IPTS 210 – 8620 – 064/76 – 16. 5. 77

© Copyright by Verlag Ferdinand Kamp GmbH & Co, KG Bochum

Nach dem Urheberrecht vom 9. September 1965 i. d. F. vom 10. November 1972 ist die Vervielfältigung oder Übertragung urheberrechtlich geschützter Werke, also auch der Texte, Illustrationen und Graphiken dieses Buches, nicht gestattet. Dieses Verbot erstreckt sich auch auf die Vervielfältigung für Zwecke der Unterrichtsgestaltung – mit Ausnahme der in den §§ 53, 54 URG ausdrücklich genannten Sonderfälle –, wenn nicht die Einwilligung des Verlages vorher eingeholt wurde. Im Einzelfall muß über die Zahlung einer Gebühr für die Nutzung fremden geistigen Eigentums entschieden werden. Als Vervielfältigung gelten alle Verfahren einschließlich der Fotokopie, der Übertragung auf Matrizen, der Speicherung auf Bändern, Platten, Transparenten oder anderen Medien.

Herstellung: Verlag Ferdinand Kamp GmbH & Co, KG Bochum

8 7 6 5 / 81 80 79

Die jeweils letzte Zahl nennt die derzeitige Auflage und ihr Erscheinungsjahr.